AF236158

Aphorismen

Gedanken

Banal Splitter
war gestern

2021

1. Auflage 2021

© 2021, Andree Amelang
andreeamelang@web.de
Alle Rechte beim Autor.

ISBN 978-3-75575-671-2

Herstellung und Verlag:
BoD – Books on Demand,
Norderstedt

Nach dem Ende allen Anfangs
zieht Routine ein.

~

Internet (das): die große, lektorfreie Zone!

~

Kleinstes aller Übel; man steckt bis zum Hals im Anzug.

~

Der zeitgenössische Prophet kommt per Auto zum Berg.

~

Nach der Trauung ändert sich im trauten Heim vieles …

~

Wer A sagt, steht vermutlich seinen Hausarzt gegenüber.

~

Während der Hochinflation entkoppeln sich Zeit und Geld.

~

… über den Dingen stehen – unter aller Niveau handeln …

~

Wer Tiere aussetzt, schiebt auch Oma ins Heim!

~

Die Taten der Vorfahren sind bekannt, nicht aber deren Zweifel.

~

Wer abkupfert, nascht vom Baum fremder Erkenntnis.

~

Wahrheit hat mit Mathematik nichts zu tun, sie ist unteilbar.

~

Madige Steinpilze sind keinen Pfifferling wert.

~

Selbst das In-sich-Gehen geschieht heute per Computer.

~

Tagediebe tummeln sich in allen Sparten der Gesellschaft.

~

Ob Brache oder Ackerland; die Unkräuter gedeihen prächtig.

~

———

Im Sommer verfügt jede urbane Fläche über heißes Pflaster.

~

Wann Pause ist, entscheidet der Magen.

~

Nach falscher Münze bücke sich nur der Schrottsammler.

~

„Mich fragt ja keiner!" – „Aus gutem Grund!"

~

Jeder, der eine Utopie ausbreitet, gilt als fortschrittlich.

~

Wer an nichts glaubt, ist theoretischer Physiker.

~

Täglich werden wir abgespeist – nicht nur mit Fast Food.

~

11.34 Uhr ist auch kurz nach halb acht.

~

Der Zweck heiligt das Besäufnis.

~

Wer sich auf niemanden verlassen kann, der ist verlassen.

~

Ob eine Zeit reif ist – das zeigen die Uhren nicht an.

~

Wäre die irdische Schwerkraft stärker, hätte niemand Falten.

~

Laienhaft formuliert, bestehen Bäume aus Stammzellen.

~

Wer auf ältere Frauen steht, geht ihnen auch ans Leder.

~

Machtlos zu sein ist ein sehr schweres Los!

~

5

Es kommt aus gutem Hause, wer dort zu Besuch war.

~

Tagträumer schieben Überstunden nach dem Zubettgehen.

~

Wäschediebe nehmen mit, was Andere in den Wind hängen.

~

Wasser ist Leben – aber nicht für den Ertrinkenden.

~

Nach uns die Datenflut!

~

Der Zweck jeder Statistik: Sie heiligt einen Mittelwert.

~

Anhaltender Mangel lehrt erfolgreich zu improvisieren.

~

„Der Kaffee ist fertig!" klingt fast so gut wie „Feierabend!"

~

Talent allein bringt keine Punkte.

~

Wer auf der Stelle tritt, geht nie zu weit.

~

Im Traum schüttet die Seele gelegentlich ihren Bodensatz aus.

~

Nicht jegliches Eigentum zählt als Gebrauchsgut.

~

Jeder Todesfall nimmt der Gesellschaft eine konkrete Wahrheit.

~

Taschendiebe verschmähen auch Koffer und Rucksäcke nicht.

~

Bedacht leben: klar im Kopf, mit sicherem Gebälk darüber.

~

Wer bildhaft spricht, piktogrammiert seine Argumente.

~

Ob Gott wohl schlecht von einem Kollegen spricht?

~

„Nächste Woche": das „gleich" der Unentschlossenen.

~

Wasserbett (das): eine gute Liegendschaft.

~

Selbst der dickste Engel ist flugfähig!

~

Tatsachen sind immer nackt, manchmal sogar obszön.

~

Unbegangene Wege holt sich die Natur rasch zurück.

~

Steuern zahlen müssen wir, steuern dürfen jedoch nichts.

~

Ich bin Atheist, aber nicht von allen guten Geistern verlassen.

~

Der Zug ist abgefahren, selbst dort, wo niemals Gleise lagen.

~

Wer bis drei zählen kann, hat das Zeug zum Chef.

~

„Einer geht noch rein!", aber dann schließt das Bordell.

~

Tatsächlich kommt das Nachdenken manchmal zu spät.

~

Ein Selbstgespräch lässt alle Fragen offen.

~

Alt ist, wer seine Zipperlein nicht mehr zu zählen vermag.

~

Magen und Hirn wollen gleichsam gefüttert werden.

~

Der Erfinder des „Idiotentest" sprach aus eigener Seele.

~

Im gewissen Sinne fängt man täglich wieder bei null an.

~

Wer das Gras wachsen hört, rechnet sofort Heu in Geld um.

~

Trennkost: Er geht, weil sie so schlecht kocht.

~

Auch der König hat zuweilen einen in der Krone.

~

Selbst die Friedenszeit kommt nicht aus ohne Papierkrieg.

~

Tauben empfinden keine Ehrfurcht gegenüber Denkmälern.

~

Weichmacher (der): Nichts für harte Jungs!

~

Wer blind dem Geld hinterherrennt, sieht den Abgrund nicht.

~

Es korrodieren selbst eiserne Prinzipien.

~

Malen nach Zahlen gelingt nur dem, der fähig ist, zu zählen.

~

Tatenlose kommen als perfekte Statisten in Frage.

~

Die Dummheit erweist sich als reine Kopfsache.

~

Lange Selbstgespräche schulen keinesfalls die Dialogfähigkeit.

~

Wer das Sagen hat, legt auch die Fragen fest.

~

Ob Jude, Muslim oder Christ – allein zählt, was er fachlich ist.

~

Der Zufall ist willig, doch der Mensch bleibt skeptisch.

~

Was Hänschen nicht lernt, regelt Hans frei Schnauze.

~

Magenpflaster wirken gleichsam auf die Seele.

~

Weckruf (der): Hupsignal des eingetroffenen Bäckerautos.

~

Der wertlose Antipode der Beredsamkeit: das Schwätzen!

~

Wer den Ausschlag gab, gilt als Patient Null.

~

Teile dein Unwissen zum Thema nicht in Form einer Rede mit.

~

Weihnachten: das Fest der Liebe zum Geldausgeben.

~

Nachthemd klingt viel erotischer als Nachtjacke.

~

„So gut wie …!", erweist sich meist als schlechte Schätzung.

~

Zähneklappern gehört zum Handwerk der Angsthasen.

~

Theoretiker sind Leute, die praktisch keine Ahnung haben.

~

Maler, bleib' bei deinem Kleister.

~

Wer den Faden verlor, sollte nicht entnervt zum Strick greifen.

~

Ob im Vorstand stets der Verstand siegt? Wer weiß!

~

Der Lieferant von Denkansätze – ein ideeller Organspender.

~

Theorien sind wissenschaftliche Träumereien.

~

Jede Grenzziehung trägt vorübergehenden Charakter.

~

Misstraue allen stimm– als auch redegewaltigen Menschen!

~

Der Zufall ist alles, die Pläne nichts.

~

Wer den Löffel abgibt, hat immer noch Messer und Gabel.

~

„Es ist die Höhe!" wird ganz ohne Zollstock festgestellt!

~

Zählen Impfverweigerer zu den Unbestechlichen?

~

Der Wortschatz sagt nichts aus über das Handlungsvermögen.

~

Weihnachtsmann (der): harmloseste aller Mogelpackungen.

~

Selbst die gute alte Zeit war eine relative.

~

These: „Zeit ist Geld!" Realität: Oft fehlt einem beides!

~

Nacht: die harmloseste Form von Finsternis.

~

———

Mit Hass auf Montage fährt man am Sonntag auf Montage.

~

Wer die Antwort nicht weiß, ist schuldig im Sinne der Anfrage.

~

Entscheide vor Ort, aber stets mit Köpfchen.

~

Sture Menschen folgen lebenslang ihrer Leermeinung.

~

Wenn mir etwas liegt, stehe ich natürlich dazu.

~

Tsunami – das klingt sofort glaubwürdiger als Sintflut!

~

Wein (der): das schönste Resultat einer Entbeerung.

~

Bricht eine Inflation aus, dann trügen alle Scheine.

~

Wer die Augen verschließt, dem sind die Hände gebunden.

~

Selbst der Teufel lernt hinzu und trägt heute Schlips.

~

Top-Manager nennt man sie, da ihr Verdienst entsprechend …

~

Ob Nerz oder Vogel, etwas hat jeder.

~

Wein, Weib und Gesang – ja, und die Arbeit wartet auch noch.

~

Strebe nach Selbstbefreiung, Schlüsseldienste sind teuer.

~

Neun Leben hat die Katze, tausend die eigene Vergesslichkeit.

~

———

11

Man hält etwas auf sich – und sei es auch bloß ein Regenschirm.

~

Totale Gleichgültigkeit – das fatale Idealmaß der Toleranz.

~

Zeitnah müsste eigentlich terminnah heißen.

~

Nach „Schluss mit lustig" folgt vielleicht nur noch Nonsens.

~

Zu DDR-Zeiten konnte niemand bis an die Grenzen gehen.

~

Wer die Wahrheit sucht, wird erschrocken sein, was er findet.

~

Tote Sprachen lernen – das vermögen nur Lebende.

~

Der wirklich perfekte Tag – selten, wie eine Primzahl.

~

In jeder Veröffentlichung steckt ein Stück Leben des Autors.

~

Neunmalklug: das sind drei Dumme zum Quadrat.

~

Schoss der Jäger den Hasen nicht, so doch ins Kraut.

~

Man hat die Wahl, nie die freie Auswahl.

~

Weit stärker als der Dentist, fühlt uns die Zeit auf den Zahn.

~

Aus der Not heraus handeln oder in eine solche hinein …

~

„Bitte zu beachten", und alle schauen kurz mal hin.

~

———

Ob Monolog, ob Dialog – gelogen wird immer.

~

Wer die Wahrheit sucht, wird viele schlafende Hunde wecken.

~

Nicht alles, was Fahrt aufnimmt, spielt sich auf Rädern ab.

~

Weit mehr lässt sich in Worte fassen, als praktisch umsetzbar ist.

~

Zu jedem guten Vorsatz, gehören unsichtbare Fußnoten.

~

Tragisch, eine Ära geht zu Ende und die Akteure leben noch.

~

Sogar im sicheren Hafen läuft die Polizei Streife.

~

Welch' ein Drama: Armes Schwein trifft dummes Kamel!

~

Wer die Werte kennt und schätzt, feilscht nicht um Preise.

~

Loslassen, ohne zu stürzen, gelingt bei Weitem nicht jedem!

~

Glaube an Fakten und meine den tätigen Menschen.

~

Der Wunsch zeigt das Begehrte von der glänzenden Seite.

~

In Träumen lässt sich leider nicht radieren.

~

Man hofft das Beste, vorrangig bezüglich eigener Belange.

~

Der Weitsichtige versteht das Kleingedruckte.

~

Wem das Lachen vergeht, bleibt immerhin das Staunen.

~

Trauerfeier? Was denn nun: Trauern oder Feiern?!

~

Selbst in lausigen Zeiten wird vor Zecken gewarnt.

~

Wer die Wissenden in der Hand hat, besitzt alle Macht.

~

Nicht antun, sondern zutun.

~

Gib mir Zeit und lass dein Geld stecken!

~

Starker Sturm selektiert die Standhaften.

~

Die Zeit ist reif, selbst lässt sie sich nicht ernten.

~

„Weit weg" – nach heutigem Verständnis mindestens 1.000 km …

~

Tugenden allein machen nicht satt.

~

Wem es im Leben zu ruhig zugeht, sollte heiraten.

~

Training und Selbstmisshandlung trennt eine dünne Membran.

~

Der Zahn der Zeit nagt lautlos!

~

Wer dreimal im Kreise lief, hat den Bogen raus.

~

Zu viel Glück macht schläfrig.

~

In taufrischer Frühe kann bereits alles zu spät sein.

~

Zutaten + Taten = Kuchen.

~

Wendet sich das Blatt, wird das Kleingedruckte sichtbar.

~

Träumen, Bummeln, Verpennen; vertane Lebenszeit!

~

Stilles Wasser kann nicht tiefer sein, als die Flasche hoch.

~

Nicht alle Esel und Kamele leben irgendwo im Ausland!

~

Trostpreise taugen nicht als Trostspender.

~

Wer ein Auge zudrückt, vertuscht optisch.

~

Musik (die): eine hohe Form von Emotion.

~

Selbst Berufskraftfahrer und Piloten gehen ihren Weg.

~

Primär öffnet einem der Wecker die Augen …

~

Man hat's mal gesehen und glaubt, sich völlig auszukennen.

~

Jeder ist so jung, wie es die Zipperlein zulassen.

~

Nicht jeder Traum beinhaltet ein Märchen.

~

Wer ein Buch schreibt, schnürt ein geistiges Bündel.

~

Seinen Traum muss jeder selbst verwirklichen.

~

Wenn alle jubeln, schaue hinter die Kulissen.

~

Nicht jeden gut Redenden, wollen wir praktisch erleben.

~

Pausiert der Arbeitende, sehen die Leute genauer hin.

~

Wenn alle Provisorien verschlissen sind, endet die Zeit.

~

Bereits der Griff zum Werkzeug verrät den Dilettanten.

~

Ohne Nachdenken keine Sicht auf die Dinge.

~

Das große Aufräumen *vs.* mangelnde Bereitschaft.

~

„Ohne Worte!" – die Gestik sagt alles!

~

Der Zeit ist egal, ob sie genutzt oder verschwendet wird.

~

Wer eine Frau anbetet, huldigt der erotischen Religion.

~

Churchill war der erste, der ehrlich über Statistiken sprach.

~

Qualität hat ihren Preis, Quantität viel Verpackung.

~

Man lässt nicht leiden, wen man nicht leiden kann.

~

Theoretisch müssten ausgewiesene Praktiker Fachleute sein.

~

———

Was wird wohl serviert, wenn wer vor Wut kocht?

~

Der Chirurg erledigt seine Arbeit operativ.

~

Lange Reden machen durstig, lange reden auch!

~

Zumindest die Liebe zum Detail muss lebenslang halten.

~

Nicht alle bunten Vögel sind flugfähig.

~

Wer ertrinkt, da er zu weit raus schwamm, ging eben zu weit.

~

Hurra, die Chemie stimmt, das Fast Food schmeckt.

~

War alles für die Katz', gehst du vor die Hunde.

~

Ob nun Schöpfungsakt oder Urknall: Niemand war dabei.

~

Man lebt nur einmal – das aber viele Jahre lang.

~

In der Summe liegt die Kraft der Faktoren!

~

Herz (das): Arena, in der die Emotionen erbittert kämpfen.

~

Das wahre Face zeigt keine Gesichts-, sondern Charakterzüge.

~

Wer fachlich nichts tut, begeht woanders grobe Fehler.

~

Nicht alle, die nachhelfen, leisten Nachhilfe.

~

Wer sich zum Tattoo-Studio begibt, lässt an sich arbeiten.

~

Man muss die Feste feiern, bis der Letzte fällt.

~

Zeitgeist (der): Ein Geist auf Zeit.

~

Die Statik einer Doppelmoral lässt sehr zu wünschen übrig.

~

Einer schweigt sich aus, zum Anschweigen bedarf es zwei.

~

Ob Single oder liiert – niemand ist aller Sorgen ledig.

~

Selbst mit Freibier sollte man den Mund nicht zu voll nehmen.

~

Wenn niemand dazwischen redet, bist du Witwer.

~

Nicht alle, die leisten, tun ein Nützliches.

~

Der Liebe Gott – das ist Amor!

~

Rache ist süß und der Regen sauer.

~

Man soll die Hochzeitsnacht nicht vor dem Morgen loben …

~

Wer abwägt, vergleicht ein Wagnis mit dem anderen.

~

Der Mensch ist gut, zum Beispiel manipulierbar.

~

Der Schnee von gestern war vorgestern Wolke.

~

Raser haben es besonders eilig, auf den Friedhof zu kommen.

~

Man spricht vom Mann im Mond und der Frau am Herd.

~

Langlebige Billigprodukte stehen auf der Roten Liste.

~

Ich darf frei reden, habe jedoch offiziell nichts zu sagen.

~

Wer Freunde ans Messer liefert, verrät auch die eigene Familie.

~

Pausiert die Tugend, schlägt die Stunde der Sünde.

~

Wenn die Zukunft da ist, schwimmen die Träume weiter.

~

Ente gut – Weihnachten gerettet!

~

Der Weg zum Ziel ist gepflastert mit Mautstellen.

~

Große Gedanken passen in kurze Aphorismen.

~

Was mir Halt gibt, taugt nichts, wenn es mich aufhält.

~

Ob Brautschau oder Geisterbahn – für jeden ist etwas dabei.

~

Die Gemeinschaft ist gut, gemein sind Einzelne!

~

Wer gegen den Wind spuckt, spart sich die Gesichtsdusche.

~

Ratgeber haben wir genug, wir suchen Mitarbeiter!

~

Der weise König hört zu, wenn der Bauer spricht.

~

Selbst Rückentwicklungen werden als Fortschritt verkauft.

~

Recherchieren, dass bedeutet vor allem: blättern.

~

Wer gibt den Menschen das Zeichen, wenn Gott im Urlaub ist?

~

Die Messlatte liegt hoch, aber nicht jeder schaut nach oben.

~

Wenn Engel reisen, treffen sie die Teufel in der Raststätte.

~

Man trifft sich immer zweimal – anders bei den Boxern.

~

Der Weise irrt ohne nachfolgende Scham.

~

Wer alles besser weiß, behält dies eben nicht für sich.

~

Nicht jeder beengt Lebende ist ein Messi.

~

Die meisten Netze werden an Land ausgeworfen.

~

Der Weg aus der Wegwerfgesellschaft ist deren Entsorgung.

~

„Was jetzt?" statt „Was dann?"

~

Der Mensch denkt, dass er zu wissen glaubt!

~

Wenn es haarig wird, musst du Federn lassen.

~

Der Weg ist das Ziel und Rom weit weg.

~

Reformer gelten stets als Feinde bestehender Zustände.

~

Wer Geschichte aufschreibt, schreibt Geschichte.

~

Geht es um harte Fakten, darf das Herz nicht mitreden!

~

Längst etablierte sich der Unsinn als siebter Sinn.

~

Der Wegweiser hat's gut, er kann an Ort und Stelle bleiben.

~

Nicht alle, die Blöße zeigen, tun dies im geistigen Sinne.

~

Geht es ums Erben, kennt man keine Verwandten.

~

Wenn Frauen miteinander reden, spielt Zeit keine Rolle.

~

Regelmäßiges Zuschauen bei Sportwettkämpfen hält nicht fit.

~

Manchmal bleibt unklar, ob Ausnahme oder Regel vorliegt.

~

Selbst trockener Humor sorgt für feuchte Augen.

~

„Ich glaub, ich steh im Wald!" – das ist für viele nur ein Spruch.

~

Das eine lachende Auge spricht maximal für Galgenhumor.

~

Regloser als Angler sitzen lediglich Beamte.

~

Manch' bühnenreifer Auftritt ereignet sich hinter den Kulissen.

~

Der Glückliche schaut seltener auf die Uhr.

~

Die Leute haben alles satt, werden es jedoch nicht!

~

Egal, ob Weihnachten oder Osterfest, Hauptsache: Feiertag.

~

Wer glaubt, unbezahlbar zu sein, hat sich selbst nicht verdient.

~

Am Anfang vom Ende sieht alles noch gut aus!

~

Billiger Schund wird teuer angeboten.

~

Wenn keine Diät etwas bringt, bleibt das dicke Ende nicht aus.

~

Reichsbürger (der): zeitgenössischer vaterlandsloser Geselle.

~

Es stellt keine Schande dar, sich bei der Arbeit zu beflecken.

~

Der Weisheit letzter Schluss – ein Schuss nach hinten?!

~

Mache dich nicht abhängig von fremder Hoffnung.

~

Wer Gras konsumiert, beißt früh in Selbiges.

~

Gib niemals auf, gib niemals an!

~

Der verkappte Exhibitionist hält sich bedeckt.

~

Reif für die Insel, aber unfähig, hinzuschwimmen.

~

Wer andere in den Dreck zieht, ist selbst nicht ganz sauber!

~

Die Gewohnheit erweist sich als schlechtester aller Ratgeber.

~

Manch' Gerücht toppt die Mutter aller Lügen.

~

Der Mensch soll schaffen, nicht schuften.

~

Der Schnee von gestern verleiht uns heut' die volle Dröhnung.

~

Wer Großes plant, darf niemals klein beigeben.

~

Resignieren? Nur vor der Resignation!

~

Wenn mir etwas Wurst ist, so die vegane Ernährung.

~

Wenn sich alle jung fühlen: Wer sind dann die Alten?

~

Nicht immer strebt der Dumme erfolglos nach Reichtum.

~

Der Vorhang fällt synchron mit den Würfeln.

~

Ich habe eingesehen: Es bringt nichts, schlecht auszusehen.

~

Respekt (der): kultivierte, auf Sachkenntnis basierende Angst.

~

Manch' Nachruf gilt einem Lebenden: „Bring' Bier mit!"

~

Wahnsinn äußert sich in Übertreibung.

~

Der Weltfrieden beginnt am eigenen Gartenzaun.

~

Respekt kann nur erwarten, wer irgend etwas leistet.

~

Ob wir nun wollen oder nicht: Wir müssen müssen.

~

Wer händeringend sucht, dem droht die Selbstverknotung.

~

Restalkohol (der): Fahne auf Halbmast.

~

Jeden Lebensweg säumen verworfene Gedanken.

~

Wer sich selbst liebt, ist seine eigene böse Schwiegermutter.

~

Manch' Sparbuch ein Armutszeugnis …

~

Wenn sich die Wolken regen, gibt's gleich Regen.

~

Rückblick und Rücksicht – was für ein Unterschied.

~

Ich habe keine Zeit, aber sie hat mich fest im Griff.

~

Ein Verstorbener kann nicht mehr dran glauben.

~

Kein Lügengebäude hält ein Menschenleben lang.

~

Die russische Kultur besteht zu einem Drittel aus Wodka.

~

Der vermummte Weihnachtsmann trägt Burka.

~

Manuskripte – die ungeduldigsten aller Papiere.

~

Mao, der größte Steuermann, der nie zur See fuhr …

~

Selbstzufriedenheit (die): eines der fatalsten Ruhekissen.

~

Panta rhei, aber möglichst nicht durch die Finger.

~

Wer sich ärgert, nagt am Selbst.

~

Nicht alle kopflos Handelnden sind verliebt.

~

Der reisende Fisch vertraut sich einfach der Strömung an.

~

Manch' Star ein unheimlich schräger Vogel!

~

Wer hoch hinaus will, muss viele Stufen steigen.

~

Wenn zwei sich streiten, ruft der dritte die Polizei.

~

Wenn zwei streiten, zeigt dies deren gesunde Vitalität an.

~

Irrtümer sind so individuell wie die Menschen.

~

Nicht alle reinen Gewissen sind tatsächlich porentief sauber.

~

Seltsamerweise bestehen die meisten Plastiken aus Stein.

~

25

Sextourist (der): Freie Fahrt für geile Bürger.

~

Sicherheit verleitet zum Einschlafen.

~

Patina – das klingt wie eine heimliche, viel ältere Geliebte.

~

Wer hinter dir steht, fürchtet vermutlich den Wind von vorn.

~

Der Verzehr von Knoblauch verhindert dessen Alterung.

~

Längst traten die Medien an Hiobs Stelle.

~

Ich habe dich, also hab dich nicht so!

~

Wer hofft, lebt intensiver!

~

Inselwege führen nicht nach Rom.

~

Der Versuch, abzuheben, endet oft mit einem Reinfall.

~

Sie heißen zwar Mitarbeiter, tragen aber die Hauptlast.

~

Ob wohl Japaner die Weisheit mit Stäbchen fressen?

~

Ausgehorcht wird, wer sowieso gehorchen muss.

~

Politikerköpfe rollen generell aufwärts.

~

Per Anerkennung wird noch mehr Leistung gefordert.

~

Ich kenne einen Schlachter, mit dem kann man Pferde stehlen …

~

Sie ist so fraulich, wie herrlich …

~

Einer, der Umwege geht, sieht mehr von der Welt.

~

Wer im Irrenhaus abgelehnt wird, landet im Parlament.

~

Persönliche Standpunkte sind so etwas wie private Inseln.

~

Jeder, der vor Problemen flieht, sammelt weitere Aktien auf.

~

Zum eigenen Vorteil legt jeder gern Hand an.

~

Kein Fortschritt ohne energisches Fortfahren!

~

Masse krümmt den Raum und Arbeit den Menschen.

~

Pessimisten haben eigene Vorstellungen von Euphorie.

~

Der Visionär ist König aller Phantasten.

~

Werden Hintergründe aufgedeckt, tun sich Abgründe auf.

~

Ein Geldgeschenk spricht für Phantasielosigkeit.

~

Mehr oder weniger – die ungenaueste aller Mengenangaben.

~

Nicht alle, die A(h) sagen, sind erstaunt!

~

Ich lasse mich nicht verdummen! Das mache ich schon selbst.

~

Pfusch am Bau erleichtert das Mit-dem-Kopf-durch die-Wand-Gehen.

~

Im Münchhausenland spricht man Jägerlatein.

~

Wer viele Feinde hat, kommt vor lauter Liebe nie zum Hassen.

~

Mehr wäre möglich, spielten doch nur die Behörden mit!

~

Sackgassen eignen sich perfekt als Verstecke.

~

Nicht jeder wird aus Schaden klug, die meisten aber raffinierter.

~

Phantasielose Maler lassen sich von Farbe und Pinsel leiten.

~

Ich nehme dich bei einem deiner vielen gesagten Worte.

~

Wer in den Himmel kommt, fährt gratis ins Blaue.

~

Mein Bauchgefühl sagt mir: Gleich ist Mittag.

~

Der volle Ernst – ein besoffener Witzeerzähler.

~

Widersetzen, Widerstehen, Widerlegen – alles ist möglich.

~

Hellwach musst du sein, lange bevor die Pflicht ruft.

~

Willst du etwas Schlechtes salonfähig machen, bring' es in Mode.

~

28

Maßlose Enttäuschung kann unendliche nicht sein.

~

Psychofolter fungiert als Weichmacher.

~

Mein Chef heißt Ernst, aber so ist er nicht zu nehmen.

~

Ist umgänglich, wer um andere einen Bogen macht?

~

Mittels schweigen oder zerreden soll vertuscht werden.

~

Auch Lügen werden wahrgenommen.

~

Von prominenten Toten bleiben vorrangig Anekdoten.

~

Wer in Echtzeit schludert, wird auch in Zukunft versagen.

~

Er hat ein paar Promille mehr Glück als Verstand!

~

Wirkliches Vertrauen bedeutet gläsernes Miteinander!

~

Sie kommen als Fußballfans und gehen als Zerstörer.

~

Pisastudie: So schief kann kein Turm sein …

~

Wer in eine Rolle schlüpft, arbeitet mit geistiger Perücke.

~

Verberge allen geistigen Sperrmüll vor fremden Augen.

~

Wir alle leben auf Gedeih und Verderb.

~

Plattitüden sind ebenso überflüssig wie Plastiktüten!

~

Meinungsfreiheit schließt Ausreden mit ein.

~

Zumeist betreffen nackte Wahrheiten angezogene Menschen.

~

Wer allein auf Gewinn aus ist, wird kein tatsächlicher Gewinner.

~

Ein erfülltes Leben muss mehr sein als nur einfaches Dasein.

~

Zukunft (die): der verlängerte Arm der Gegenwart.

~

Wer alles zu ernst nimmt, lebt als Roboter.

~

Das Morgen beginnt mit dem Folgetag.

~

Meist ereignet sich am Tage, was nie ans Licht kommen darf!

~

Wir alle sind Irrende, ohne dass eine Hitliste existiert.

~

Grenzziehungen beschneiden Handlungsradien.

~

Umgangene Probleme sind ignorierte.

~

Wer Gräben aufreißt, isoliert sich selbst!

~

Die Kunst besteht darin, mit leerem Akku den Tag zu füllen.

~

Das Leben geht immer weiter, aber nie nur geradeaus.

~

Sieben Schläfer, das sind die Zwerge bei Nacht.

~

Die favorisierte Variante entspricht selten der Wahrheit …

~

Leute, die sich alt fühlen, lassen sich liften.

~

Zugriff auf nichts, aber große Ansprüche stellen.

~

Missbrauch (der): negativ besetzter Gebrauch.

~

Meist haben jene den Salat, die gar keine Vegetarier sind.

~

Das Beklagen von Problemen – ein hilfloses Spielen auf Zeit.

~

Gehirn (das): eine einzige, menschliche Achillesferse.

~

Zukunft oder Konsum, lautet bereits heute die Frage!

~

Wir kennen zwar die Richtung nicht, laufen aber schon mal los.

~

Jegliche Zeit, die man sich nimmt – es ist die eigene …

~

Der Rückfall in alte Muster betrifft stets nur die wertlosen.

~

Ein Auge drückt C. zu, mit dem anderen schaut er zur Seite.

~

Nicht alle, die eine gute Partie machen, sind Schachspieler.

~

Wir kennen nicht alle Tugenden, jedoch zahlreiche Surrogate.

~

———

Platz ist in der kleinsten Küche – für einen Aschenbecher.

~

Aphoristiker – die Schotten unter den Schriftstellern.

~

Der Einbildung sind keine Grenzen gesetzt.

~

War an allem Anfang vielleicht doch ein Vorwort?

~

Keine Weltveränderung ohne vernünftige Weltanschauung.

~

Konsumenten (die): Kleinaktionäre des Staates.

~

Meist hat Erfolg, wer andere geschickt zurückdrängt.

~

Plötzlich wird der Nächste geliebt und er fühlt sich belästigt …

~

Was Klappentexte verkünden, müssen die Seiten bieten.

~

Der volle Bauch lullt des Volkes Denken ein.

~

Wer sich im Tal wohlfühlt, versetzt keine Berge.

~

Der Unsterbliche ändert alle eine Million Jahre seine Meinung.

~

Der bekannteste Zufall – das Knallen der Tür.

~

Reden wir doch mal von Mann zu Mann über Frau und Frau.

~

Wir leben noch, da unsere Zeit relativ ist.

~

Meist ist es der Alkohol, der einem vom Hocker reißt.

~

Quertreiber (der): aktiv gewordener Querdenker.

~

Lasst Blumen sprechen und die Waffen schweigen.

~

Der utopischste aller Werte: ein Blickwinkel von 360 Grad.

~

Wir reden deutsch und schreiben so, wie wir sprechen.

~

Im Mittelalter galt die Antike als antiquiertes Früher.

~

In 30 Jahren bestehen Fernsehprogramme ganz aus Werbung.

~

Dem freien Fall liefert sich aus, wer sich gehen lässt.

~

Single (der): herren- oder frauenlose Einzelperson.

~

Politik (die): hohe Schule von Ahnungslosigkeit und Anmaßung.

~

Sinn und Unsinn – zwei ergiebige Erwerbsquellen.

~

So austauschbar – wie die Synonyme – sind Menschen auch.

~

Wir sind bedient, da der Kellner nicht kommt.

~

Meist muss die Suppe auslöffeln, wer sie gar nicht kochte.

~

Polizeistunde? Die sechzig Minuten gehen auch vorbei.

~

Der Urknall beendete die Stromsperre und es ward Licht.

~

Nicht alle, die Zirkus machen, stellen vorher ein Zelt auf.

~

Leute werden gesucht, aber alle haben sich gut versteckt.

~

Meist ruft die Pflicht in einer unmissverständlichen Sprache.

~

Selbst Riesen vertrauen der Fußspur eines gelehrten Zwerges.

~

Unglücksraben fliegen geradewegs ins eigene Verderben.

~

Wir sind Dumme und Dummies in Personalunion.

~

Der vegane Angler isst weder Fisch noch Fleisch.

~

Ich sehe nicht krank aus, das sind meine Gesichtszüge!

~

Amnestierte Personen werden letztlich sich selbst überlassen.

~

Meist schwankt der Mensch, höchst selten tut's der Boden.

~

Aphorismen gibt es mindestens so viele, wie Primzahlen.

~

Praktische Faulheit muss kein Indikator einer geistigen sein.

~

Zu den ausgstorbenen Spezies gehören die Fernsehansagerinnen.

~

Im rechtsfreien Raum wird alles mit links gemacht.

~

Prominenz lässt sich hauptsächlich durch Skandale steigern.

~

Meist fällt mehr mehr Arbeit an, als bezahlt wird.

~

Praktiziert wird, was Geld bringt.

~

Offen für alles, unter Einschluss der Hintertür.

~

Ein kurzer Aphorismus hat das letzte Wort.

~

Meist sind die Ohren an der Wand technischer Natur.

~

Nicht nur im Heute leben, sondern auch dort handeln.

~

Wir sind auf alles vorbereitet, aber für nichts gewappnet.

~

Meister der Unfähigkeit existieren wie Sand am Meer.

~

Statisten glänzen mit bloßer Anwesenheit.

~

Probieren (das): eine Art praktisches Studieren.

~

Als tot gilt bereits, wer nichts mehr veröffentlicht!

~

Den letzten Gruß vermag niemand zu erwidern.

~

Meist stirbt die Illusion zugunsten einer anderen.

~

Alte Besen kennen jede Dreckecke.

~

―――――

Nicht alles, was vom Tisch ist, wurde verzehrt.

~

So lange der Feind außer Sichtweite ist, sind alle tapfer.

~

Vögel und Täter fliegen auf.

~

Prekariat klingt allemal vornehmer als Unterschicht.

~

Auch der armseligste Platzhirsch ist Chef der eigenen Stellfläche.

~

Der freie Mensch lebt nicht im Vakuum!

~

„Schluss mit lustig!", wenn jemand zum Spielball wird.

~

Das Spiel endet, wenn einer zum Spielball wird.

~

Wir sitzen alle im selben Boot, aber wer steht am Ruder?!

~

Zumeist sind es Albträume, die wahr werden.

~

Abheben? Vom Boden oder von der Masse?

~

Das Denken veredelt oder verwirft die nackte Idee.

~

Nicht glotzen! Klotzen!

~

Ein einaktiges Bühnenstück – unser aller Leben.

~

Wir sind Wanderer und keine Hausierer.

~

———

Der Unversöhnliche sollte besser ledig bleiben.

~

Meist treffen sich Schuld und Schulden an gleicher Adresse.

~

Probleme erweisen sich als multiresistent gegenüber Alkohol.

~

Noahs Arche war das erste Kreuzfahrtschiff.

~

Der Umzug allein verleiht dem Leben keine neue Richtung.

~

Oft umrahmen Alkoholexzesse eine brotlose Kunst …

~

Ich teile deine Meinung – zu etwa zehn Prozent.

~

Wer sich für den Größten hält, ist auch der Chef von Gott.

~

Probleme lassen sich nicht unendlich aufstapeln!

~

Der Unbesiegbare wird an anderer Front bezwungen.

~

Wirtschaftswachstum *vs.* Naturschrumpfung.

~

Wo ein Wille ist, ist auch ein Highway.

~

Alles könnte gut sein, wenn wir alle besser wären …

~

Im Tierreich endet jeder trottelhafte Auftritt tödlich …

~

Was lange währt, wird oft in den Nachrichten erwähnt.

~

———

37

„Ich will nur dein Bestes!" ... nehmen oder fördern?

~

Zu einem Versprechen gehöre nie ein Kleingedrucktes.

~

So lange tätige Menschen zu Gange sind, treten Fehler auf.

~

Propaganda kommt ohne schlüssige Argumente aus.

~

Nicht immer bestehen Befehle aus vollständigen Sätzen.

~

Suchende sind Feuer und Flamme, Finder meist enttäuscht.

~

Menschen ohne Ideale vergreifen sich an denen der anderen.

~

Das Fernglas ist die Lupe für Landschaftsbetrachtungen.

~

Der Unbelehrbare darf obendrein als unbekehrbar gelten.

~

Wer untendurch ist, kann kein Überflieger sein.

~

Melancholische Touristen zieht es vermutlich ins Jammertal.

~

Leute, die alles infrage stellen, formulieren solche nicht.

~

Wissen ist Macht! Wer aber will das wissen?

~

Wo Liebe ist, lauert der Hass gleich um die Ecke.

~

Ich weiß nicht, was soll es bedeuten – ahne jedoch Schlimmes!

~

Ob arm, ob reich, jeder setzt alle Hoffnung auf's Geld.

~

Verliehene Bücher verschwinden meist in einer Versenkung.

~

Geldpotente Leute ködern käufliche Menschen.

~

Sozialen Netzwerke nutze, ohne dich zu verheddern …

~

Fliegenfänger (der): klingt wie eine Berufsbezeichnung.

~

Menschen raufen sich zusammen; allein geht's ja schlecht!

~

Wer in Goldstücken plant, dem sind Menschenleben egal.

~

Was in den Genen liegt, muss oft als Ausrede herhalten.

~

Das Volk ist so dumm, wie es in Unwissenheit gehalten wird.

~

Ob der Mensch je verwirklicht, was er zu leisten in der Lage ist?

~

Punkt null ist Anfang oder Ende.

~

Wer in neuen Bahnen denkt, kreist einsam.

~

Menschen, die sich anbiedern, suchen Komplizen.

~

Nicht alle, die dabei sind, packen mit an.

~

Wenn es dunkelt, arbeiten selbst Helden mit Lampe.

~

Diplomaten (die): Hochadel der Politiker.

~

Gerade die hartherzigen Leute meines es gut mit dem Geld.

~

Ob er postet oder prostet, hängt von der Tageszeit ab.

~

Menschliche Geduld (die): etwas mit kurzer Halbwertszeit.

~

Je älter man wird, um so viel(-)fältiger.

~

Eigenlob stinkt zutiefst individuell.

~

Einladung (die): das Vorwort zum Vorwort.

~

Wo Milch und Honig fließen, gibt's auch reichlich Bier.

~

Aller Redekunst muss Handlungskunst folgen.

~

Wer intensiv vom Unglück redet, der ruft es herbei.

~

Lebe intensiv, ohne all das Mögliche ausleben zu wollen.

~

Der Traum vom Traum beschäftigt uns am Tage.

~

Womit hat er es nur verdient, der Besserverdienende?

~

Am Ende des Tunnels wartet allein dichter Nebel …

~

Streng genommen, begann mit dem Urknall die Zukunft.

~

———

Wer mit der Zeit geht, muss täglich fein nachjustieren.

~

Egal, was der Mensch anspricht, stets ist von Zeit die Rede.

~

Was einer kennt vom Hörensagen, bleibt ihm Phantom.

~

Aus dem Lehrer sprechen verinnerlichte Bücher.

~

Das Gewissen muss ein gutes sein, kein gewisses …

~

Nach dem Entkleiden entgleitet alles …

~

In ein Fass ohne Boden passt die gesamte Welt.

~

Wer auf sich selbst zählt, muss nicht viel rechnen.

~

Ideen scheitern am Willen oder an der Realität.

~

Von allem Anfang wissen wir nichts, denn da war Nichts!

~

Das Fest der Liebe geht größtenteils durch den Magen.

~

Ob Lob, ob Tadel – die Wortwahl verrät den Geist.

~

In der Gerüchteküche wird täglich frisch zubereitet.

~

Wer jammert, versteht aktuelle Entwicklungen nicht.

~

Synonym für zeitgenössisch: bewusst abseits stehen.

~

Messmers Nachtlied: „Über allen Achttausendern ist Ruh … "

~

Der Trinker lebert sich zu Tode.

~

Wortschatz (der): ein Kapital für sich.

~

Misst du dich an dem Einen oder mit dem Anderen?

~

Der Treppenwitz müsste heute Aufzugskomik heißen.

~

Nicht immer erleichtert es, sich zu beschweren.

~

Wer in Rätseln spricht, verschweigt die Wahrheit.

~

Der Trinker und die Putze wissen den Alkohol zu schätzen.

~

Lasse niemanden hilflos stehen und keinen skrupellos agieren.

~

Illusionen bestehen aus wenig Text und sind reich illustriert.

~

Wortreich sind gar viele tapfer.

~

Jenseits übermäßiger Strenge regiert allein die Unfairness.

~

Der Boden der Realität könnte sich als Sumpf erweisen.

~

Den letzten Veganer beißt der Tofu.

~

Nicht jede Erfahrung ist mit einer Narbe belegbar.

~

Die Interessenlage vieler befindet sich seit jeher außer Lot …

~

Mikrowellengeräte haben hohe Einschaltquoten.

~

Jeder Anfang geht einmal zu Ende.

~

Bei der Zeit handelt es sich um die dritte Seite der Medaille.

~

Missgriffe leisten sich nicht nur prämierte Schönheiten.

~

Wissen ist Macht über die Ohnmacht der Unwissenden.

~

In den Schatten stelle das Bier!

~

Nicht immer gibt's Freibier, wenn einer ein Fass aufmacht.

~

Die besten Druckfehler setzen sich am Ende durch.

~

Chronische Inkonsequenz zeigt verbissene Konsequenz an.

~

Wer jedem Recht gibt, erscheint allgemein unglaubwürdig.

~

Offene Fragen *kontra* geschlossener Münder.

~

Der Besitzer der Quelle bestimmt die Wasserpreise.

~

Während der Nachtruhe ist jeder ein freier Mensch.

~

Persönliche Freiheit endet stets an fremder Claimgrenze.

~

Mit einem „vielleicht" lässt sich keine Situation bereinigen.

~

Das gängige Synonym für „demnächst" lautet „nie".

~

Wer sich dem Alkohol hingibt, verwässert sein Leben.

~

Oft steht völlig hilflos da, wer alle Trümpfe in der Hand hat.

~

Das Erstbeste stammt selten vom billigsten Anbieter.

~

Der Theoretiker füllt den Arbeitstag praktisch mit Hypothesen.

~

Der stetige Blick auf's Geld macht die Leute kurzsichtig.

~

Ohne das Gleisbett gäbe es auch keine Schlafwagen.

~

Ohne Einsicht in Bücher entsteht im Kopf keine solche.

~

Der Vorteil von einem Date: Man hat volles Rückgaberecht.

~

Viele Fußballprofis spielen ungleich ihrem Verdienst.

~

Das gefährliche am Größenwahn: „Da geht noch was!"

~

Im Alltag nennt man es Lüge, in der Wissenschaft „Theorie".

~

Wer Karriere machen will, braucht schmerzfreie Ellenbogen.

~

Nicht jeder Mitschuldige wird zum Mithäftling.

~

Echte Gier gehört zur falschen Bescheidenheit.

~

Im Alter nehme ich mir reichlich Zeit zum Älterwerden …

~

Der Tod befreit den Menschen aus den Klauen der Zeit.

~

Wer viel Pech hat, kann Handel damit treiben.

~

Der typische Flaschengriff verrät das Kind im Manne.

~

Otto machte den Begriff „Schniedelwutz" gesellschaftsfähig.

~

Der Tierarzt muss nie einen Patienten krankschreiben.

~

Das Gerede im Dorf ändert nichts am Diskussionsbedarf.

~

Nicht jeder, der fertig, ist auch am Ende.

~

Den Realisten ängstigt die Wirklichkeit nicht.

~

Nicht immer wird ein Fachmann als Retter losgeschickt.

~

Mit vorgehaltenen Banknoten bringst du jeden zum Singen.

~

Zu faul zum Säen, unfähig zum Ernten, aber der Erste bei Tisch.

~

Wirkliche Werte entsprechen keiner Geldsumme.

~

Erinnerung (die): Rückbesinnung auf das so nicht Gewesene.

~

Wer kein Ausweinen zuließ, dem sollte man nicht nachweinen.

~

Egal, ob halbvoll oder halbleer – etwas fehlt!

~

Ein Boxer ohne Schlagfertigkeit sollte die Sportart wechseln.

~

Um die Situation nüchtern zu betrachten, ist es jetzt zu spät!

~

Ohne Lagerhaus für die Früchte lohnt deren Ernte nicht.

~

Ohne erfülltes Leben macht der Tod keinen Sinn.

~

Mit bescheidenen Idealen hält man sich viel Arbeit vom Leib.

~

Mit deinem Charakter wäre ein anderer bereits Minister.

~

Was nicht bekannt ist, fällt dem Vergessen nicht zum Opfer.

~

Otto Normalverbraucher (der): typischer Intensivkonsument.

~

Ü 30: aus Sicht der Frauen eine ewig lange Zeit.

~

Fahr' du zur Hölle, ich pilgere!

~

Wenn A. stolpert, ergreift B. die Initiative und startet durch.

~

Wie anstrengend mag wohl das Denken an nichts sein?

~

Nicht nur, wer Modell steht, muss auf seine Stellung achten.

~

Kurz nach dem Urknall: Kommt Zeit, kommt Raum.

~

… und einigen nimmt es eine dritte Hand im Schlaf …

~

Ein farbiger Mensch? Das ist der Maler gegen Feierabend!

~

Ein Bier ist okay! – Eine Flasche oder ein Kasten?

~

Nicht jede Nachbarin ist unantastbar.

~

Ein Naturschauspiel vermag niemals zu floppen.

~

Die einen reden mit Alexa, die anderen mit ihren Grünpflanzen.

~

Der Tod steht außerhalb des Schicksals.

~

Wer klaut, wird nicht selig.

~

Im Dunkeln sind alle Farben Trumpf.

~

Ein Original ist jeder, aber nur Wenige leisten sich Originalität.

~

Die öffentliche Hand verfügt über viele, viele Finger.

~

Kurz vor dem Ende hört sogar die innere Uhr auf zu ticken …

~

Der Theoretiker erklärt, wie gut gekocht wird.

~

Ledig, schuldenfrei und ohne Haustier – hast du ein Schwein!

~

Nicht ungewöhnlich, dass der Atheist eine Frau anbetet.

~

Mit dem beschriebenem Papier stirbt das Briefgeheimnis!

~

Küssende und schlafende Frauen schweigen.

~

Ein Rückzugsgebiet muss nicht großflächig sein.

~

Kein Workaholic stirbt an Langeweile.

~

Der Stoff, aus dem die Treue ist, bleibt bis heute unentdeckt.

~

Mit dem Denken entstand einst die Illusion.

~

Wer keinen Anfang findet, ist am Ende.

~

Flattert der Steuerbescheid ins Haus, hilft kein Gegensteuern.

~

Finanzminister (der): wichtigster Steuermann des Staates.

~

Selbstbetrug geht eine Weile gut, nicht aber lebenslang.

~

Über Reichtum an Mangel verfügt, wer arm ist.

~

Das Glück kommt niemals als Joker daher.

~

Der Steinbruchbesitzer sitzt auf Bergen von Schotter.

~

Mit dem Egoisten fressen die Raubtiere eine Einzelherde.

~

Die Zeit zu vertreiben, vermochte selbst Einstein nicht.

~

Ein Schein, der trügt, ist Falschgeld.

~

Nicht wenige Rattenfänger locken mit Ratenkauf.

~

Ein Spanner ist Zeuge, nicht der Zeugende.

~

Wer klug genug ist, lässt anderen Verrückten den Vortritt.

~

Stehenbleiben bedeutet Aufgeben.

~

Der Talisman kann durchaus eine Frau sein.

~

Der Taschendieb arbeitet dort, wo andere Urlaub machen.

~

Mit ausgefahrenen Ellenbogen tat er sich ein Gutes …

~

Einsicht beginnt mit Einblick.

~

Im ausgelesenen Buch ist alles noch drin!

~

Der Tag ist jung, die Sorgen sind die alten.

~

Wer sich den Problemen stellt, setzt sich kalten Winden aus.

~

Zu jeder Narbe existiert eine dazugehörige Erfahrung.

~

Im Dunkeln ist gut tasten.

~

Das große Nichts – ein Loch ohne Rand.

~

Wer reichlich nehmen will, muss viele Taschen haben.

~

Swingerclub (der): ein Im-Team-Bereich.

~

Mit dem Mundwerk wird am liebsten geholfen.

~

Leere Jahre sind keine Heldenjahre.

~

Nicht jede, die willig, erweist sich als billig.

~

Wer keine klaren Teile sieht, schaut durch eine Mattscheibe.

~

Der Strick um den Hals wurde ihm zum Verhängnis.

~

Der stets Hungrige verlässt sich auf sein Bauchgefühl.

~

Im Allgemeinen trifft die Schuld abwesende Menschen.

~

Hans Dampf erfand nicht den Schnellkochtopf.

~

Der Strom der Zeit erweist sich als völlig ökologisch.

~

Nicht wenige stehen felsenfest auf dem Boden ihrer Vorurteile.

~

Wer keinen Schritt zu viel macht, lässt sich gehen.

~

Kuhhandel gibt es auch in Indien, bloß heißt er dort anders.

~

———

Über Kunst lässt sich streiten – die schärfsten Kritiker wettern.

~

Der Stubenhocker ist unausgehlich.

~

Das Gute am Passbild: Es zeigt die Person bauchfrei.

~

Wer seine Biographie schreibt, erfindet sich praktisch neu.

~

Niete (die): als Los nichts wert, an der Hose äußerst wichtig.

~

Ein Steinwurf trennt Hoffnung von Ernüchterung.

~

Im Einklang mit den Jahreszeiten schwingen die Emotionen.

~

Internet (das): die Wartehalle böser Absichten.

~

Zu Idolen blickt man auf, von Vorbildern lernt man.

~

Kunst oder Sperrmüll – das ist zumeist die Frage!

~

Der Tag der Entscheidung – ungleich dem der Veränderung.

~

Wer lächelnd daherkommt, möchte sicherlich Geld borgen.

~

Im Himmel sind sich gewiss auch nicht immer alle einig.

~

Ein Urteil wird gefällt, ohne gefallen zu müssen.

~

Nichts ist Spiel, alles ist Leben.

~

Der Straßenköter kennt das Hundeelend.

~

Im Ernstfall geht es auch für den Veganer um die Wurst.

~

Das Kapital – ein Kapitel für sich.

~

Das Klima wandelt sich, der Mensch bleibt derselbe.

~

Niemand schleppt mehr Frauen ab, als die Jungs vom ADAC.

~

Leere Worten geben den Stoff für eine neue Seifenoper.

~

Ausbildung und Einbildung enden nie.

~

Ein wahrgenommenes Recht wird automatisch zur Pflicht.

~

Mit dem Strom treibend, schwimmt es sich leichter.

~

Die Wahrung des Gesichtes währt nicht ewig.

~

Im heutigen Eurozeitalter hat der Dukatenesel ausgedient.

~

Mit dem Tod geht der Mensch in die aktive Vergangenheit.

~

Einigkeit macht stark, aber bevor man sich einig wird …

~

Der süßeste Traum entzieht sich der Greifbarkeit.

~

Wer Licht ins Dunkel bringt, macht auch den Staub sichtbar.

~

Zufälle lassen sich nicht nötigen.

~

Zahlungsfähig *ungleich* zahlungswillig.

~

Der Teufel steckt im Detail, fragt sich nur, in welchem!

~

Leider berühren sich Himmel und Erde nur an Nebeltagen …

~

Im Jammertal arbeiten die Leute ihre Probleme akkustisch auf.

~

Wer viele Flugreisen unternimmt, ist oft im Himmel.

~

Das Leben hält mehr Fettnäpfchen als Lebensjahre bereit.

~

Im Himmel existiert nichts – außer Blau.

~

Was Bände spricht, lässt Raum für endlos viele Gedanken.

~

Eine alleinige Berufung auf Gott symbolisiert Hilflosigkeit.

~

Wer langsam läuft, nimmt wahr, was sich am Wegrand tut.

~

Auf dem Gipfel des Erfolges wird niemand alt.

~

Über Schweigegeld redet nie, wer es erhielt.

~

Mit dem Idealfall wurde noch nie ein Mensch konfrontiert.

~

Er gibt sich sehr weise, verrät aber nicht sein Fachgebiet.

~

Im Kaffeesatz lernte er das Lesen.

~

Die Verkettung von Jahren zieht Alterung nach sich.

~

Eine Atheistin vom Lande: Heidin Heide von der Heide.

~

Wer mit sich selbst chattet, führt Selbstgespräche.

~

Die meisten Enttäuschten haben weitaus mehr erwartet.

~

Der Teufel hat den Schnaps gemacht, der Staat besteuert ihn!

~

Im gleichzeitigen Zu- und Hinhören besteht die Kunst.

~

Im Großen wie im Kleinen sind freie Radikale gefährlich.

~

Eine Drei, das ist die Neun an der Wurzel gepackt.

~

Die schlafende Furie darf als nette Frau gelten.

~

Null, das ist nichts mit exakt definierter Mengenangabe.

~

Mit der Angst ist nicht zu verhandeln.

~

Die Erwartungshaltung ist meist eine bequeme.

~

Leiste das Unmögliche, und die Masse verlangt nach mehr.

~

Das pedantische Pferd kotzt in die Apotheke.

~

———

Im Garten der Liebe setze niemals Pestizide ein.

~

Wer nachgibt, schont die Nerven.

~

Zum fahrenden Volk gehören wir mittlerweile alle …

~

Über den Dingen stehen – unter allem Niveau handeln …

~

Wer zu weit geht, muss draußen schlafen.

~

Im gestrigen Halbdunkel sah sie noch ganz charmant aus.

~

Wer mittellos dasteht, ist auch im Sitzen pleite.

~

Eine Synthese von Glück und Geld gelingt selten.

~

Das zweite Ich hat viele Gesichter.

~

Zur Käsefabrik? Immer der Nase nach!

~

Wer ruft: „Haltet den Dieb!", wird stets für seriös gehalten.

~

Es sind nicht alle da zu Hause, wo sie am liebsten schlafen!

~

Das Schweigen hört sich in jeder Sprache gleich an.

~

Im Glashaus bedarf es keiner Überwachungskamera.

~

Zum Lernen ist es nie zu spät, wohl aber zum Leben.

~

———

Der Staub ist ewig, alle Kunst begrenzt.

~

Der Steckbrief zeigt an, wer Dreck am Stecken hat.

~

Wer am Chaos verdient, für den ist die Welt in Ordnung.

~

Der Teufel steckt bereits in den Überschriften.

~

Im Kräutergarten kannst du keine Kirschen ernten.

~

Mit der Kunst nichts am Hut, aber ihre Preis kennen …

~

Der Snob: Was ich bin, steht auf meiner Visitenkarte.

~

Wer nach der Uhr lebt, rennt der Zeit permanent hinterher.

~

Im Labyrinth des Lebens existiert ein einziger Ausgang.

~

Ewiger Dank besteht aus Schall und Rauch.

~

Wortlos belügt man sich selbst.

~

Der Souffleur des Politikers nennt sich Berater.

~

Im ewigen Leben spielt der Umgang mit Zeit keine Rolle.

~

Der Spiegel zeigt lediglich die Anatomie der Gesichter.

~

Bushaltestellen eignen sich ideal zum Studium der Leute.

~

Im Konsumverhalten findet der Bürger sein Paradies.

~

Der Sohn bekommt das Geld nicht, es bleibt alles beim Alten.

~

Im Kopf des Pyromanen formen sich Gedanken zu Zündstoff.

~

Einer, der alles besser weiß, handelt nicht derart.

~

Mit einem Geschenk decken Leute ihre Menschenkenntnis auf.

~

Das Selbstgespräch lebt zu 100 Prozent vom Eigenanteil.

~

Einer hält die Tischrede, der Rest schielt auf's Essen.

~

Erinnerungen folgen keiner Logik oder gar Prioritätenliste.

~

Über dem Erfolgreichen kreisen geierartig die Neider.

~

Der Schnee von gestern war vorgestern Wolke.

~

Wer nicht betucht ist, steht finanziell nackt da.

~

Wer nicht denkt, nimmt hin!

~

Der Spitzname ist eben auch ein Name, den man sich machte.

~

Letztlich gibt nach, wer nicht als der Dümmere gelten will.

~

Der Stand der Dinge? Sie wurden zu den Akten gelegt!

~

C. ist sehr wohl eingebildet, aber nicht gerahmt.

~

Der Staat lebt vom Griff in die Tasche seiner Bürger.

~

In einem Selbstgespräch steckt keine Unze Belehrung.

~

Mit der richtigen Wortwahl streichelt der Dichter das Papier.

~

Stamm (der): des Baumes größter Ast.

~

Das Weite sucht, wer der Nähe überdrüssig.

~

Es wird gegessen, was aus der Mikrowelle kommt!

~

Im Quantenbereich existieren n-fach bezipfelte Würste.

~

Nicht jeder, der in seinem Leben aufräumt, entrümpelt auch.

~

Im Paradies verlangt niemand Mutproben von dir!

~

Es scheut die Beweispflicht, wer kritiklos absegnet.

~

Bodenlose Frechheit besitzt eine aalglatte Oberfläche.

~

Auf den Punkt gebracht, ist alles gesagt.

~

Wer nicht weiß, was er will, kennt auch keinerlei Maß.

~

Über ideellen Wohlstand wird leider nie gesprochen!

~

Wer Schaf isst, der ist Wolf!

~

Im Leben eines Hanghuhns herrscht stetige Schieflage.

~

Flexibilität kennzeichnet den Standpunkt moderner Menschen.

~

Der Stärkere segnet ab und nennt es Gerechtigkeit …

~

Dank erhöhter Lautstärke klingt selbst schlechte Musik gut.

~

Im Leben existiert keine einzige Szene mit Risiko null!

~

Im Rückblick erscheint alles halb so schlimm …

~

Wer nicht A sagt, spricht auch sonst in Rätseln.

~

Meist nimmt, wer umzieht, die Probleme im Gepäck mit.

~

Breite Masse – was für eine treffende Bezeichnung!

~

Es gibt Leute, die schweigen und denken sich nichts dabei.

~

Der Stadtplan gewährt Einblicke in eine Anatomie. Was sonst?

~

Im Spreewald herrscht stets Saure-Gurken-Zeit.

~

Wer Niederlagen leugnet, verweigert das Lernen aus Fehlern.

~

Der Selbstmörder lässt die anderen mit Fragen zurück.

~

Ein Blick auf das fremde Geld erleichtert die Nächstenliebe.

~

Zeit ist Geld? Aha, daher also das Wort: Zeitrechnung!

~

Da haben wir den Salat: frisch vom Feld und nitratbelastet.

~

Es gibt keine falschen Spanner, nur echte Hingucker.

~

Der Sinn eines jeden Lebens ist individuell.

~

Wer nicht gelegentlich die Sau rauslässt, ist ein Ochse.

~

Im Schloss der Familie lebt es sich gut im Schoß der Familie.

~

Seine goldenen Hände sind der klecksenden Farbe geschuldet.

~

Dem aktiven Ruhestand folgt irgendwann der passive …

~

Wer sein Möglichstes tut, tangiert Grenzen.

~

Er erlief sich den dritten Platz: Bronzezeit!

~

Im September geborene Mädchen bleiben lebenslang Jungfrau.

~

Mit ererbten Reichtümern lebt es sich praktisch ohne Bezug.

~

Wer nur gefallen will, hat nicht vor, mit Leistung zu punkten.

~

Der Durchschnitt befriedet zwei Extremwerte.

~

———

Der willkommene Gast fühlt sich niemals fremd.

~

Im seriösen Sinne geht allein die Zeit über Leichen.

~

Mit der Geburt ist man wer, später wird man was.

~

Wer nicht loslassen kann, wird kleben bleiben.

~

Dem interessenlosen Veganer ist alles Tofu.

~

Erst werden die Frauen ein-, dann ausgewickelt …

~

Mit fiktiven Größen lässt sich real nicht arbeiten.

~

Alleskönner sprechen nie über ihre Lehrzeit.

~

Mit Geld oder Schönheit des Partners wird lediglich kokettiert.

~

Der Sinn des Lebens existiert in Milliarden Strickmustern.

~

Erst war das Huhn, dann das Ei; Ostern folgte später.

~

Kunst ist, vorzumachen – ohne Einnahme der Vormachtstellung.

~

Übermäßiger Gebrauch stumpft Schlagworte ab.

~

Mit Geld sei alles zu richten, so der vorherrschende Glaube.

~

Der schwache Trost hilft über das Gröbste hinweg.

~

Über den Narren lacht jeder, dem Weisen hört keiner zu.

~

Wer plant, gibt den Zufällen eine Richtung.

~

Der Schwächere von beiden muss verhungern.

~

Auf Hintermänner fällt höchst selten ein Lichtstrahl.

~

Dementiert wird meist, was nie im Raume stand.

~

Mit Geld spielt man nicht, wohl aber um ein solches.

~

Im Suff verriet schon mancher den Verbleib der Großmutter.

~

Im Tal der Ahnungslosen leben keinesfalls Geistlose.

~

Der Rest der Welt, er existiert, auch wenn ich ihn nicht sehe.

~

Völlige Zufriedenheit siedelt nah am Tod.

~

Leute, die so tun, als ob sie tun, gibt's zur Genüge.

~

Wer Probleme aussitzt, lässt sie gewähren.

~

Schwarzmarkt (der): eine Grauzone.

~

Oft fallen richtige Entscheidungen den falschen zum Opfer.

~

Im Trüben Fischenden ergeht es ähnlich dem blinden Huhn.

~

Jede neue Generation lässt ein weiteres Kapitel Geschichte zu.

~

Der Schweigende darf nicht automatisch als Schuldiger gelten.

~

Wer Schweigegeld zahlt, muss oft ein Schweinegeld hinlegen.

~

Im Tun von anderen sehe ich nicht automatisch mein Lassen.

~

Erst wurde das Rad erfunden, später das Lenkrad.

~

Der Schall steckt dem Kampfjetpiloten im Nacken.

~

Der Schein regelt die Bestechung, ohne diese zu heiligen.

~

Über Zeit ließe sich ewig diskutieren.

~

Der schlagfertigere Boxer wird den Kampf gewinnen.

~

Im Uhrenland Schweiz vergeht die Zeit auch nicht anders.

~

„Denen werde ich's zeigen!", sagt sich der Exhibitionist.

~

Wer sein Vorhaben beginnt, meistert das erste Problem.

~

Käufliche Leute sind ihr Geld nicht wert.

~

Nullen vor dem Komma fallen nicht ins Gewicht.

~

Den Schrecksekunden folgen Stunden der Ungewissheit.

~

Im Traum schüttet die Seele gelegentlich ihren Bodensatz aus.

~

Den letzten Fahrschein bezahlen die Verwandten.

~

Wer seine Feinde liebt, vernachlässigt die Freunde.

~

Was ich nicht weiß ... das schlage ich nach.

~

Der Tod agiert überall zugleich – sicherlich hat er Komplizen!

~

Des einen Leidkultur ist des anderen Freudniveau.

~

Deutschland (das): nach Heine Gegenpol der Schlaftablette!

~

Wichtigtuer sind Nichtigtuer.

~

Mit Halbwahrheiten lässt sich lediglich die Zeitung füllen.

~

Erst saufen wie die Männer, dann kotzen wie die Reiher.

~

Der Schnee von gestern lässt mich so was von kalt ...

~

Im Witz scheint die Wahrheit am Besten aufgehoben.

~

Kann Morgenluft wittern, wer erst mittags aufsteht?

~

Der schlecht spielende Linksaußen – eine Randfigur?

~

Wer sich eine Hintertür einbaut, denkt weiter!

~

Dieses neue Irrenhaus – einfach irre!

~

Über das damals Erhofft redet heute niemand mehr.

~

Liebe deinen Nächsten, es könnte der letzte sein!

~

Dieter suchte einst die Naddel im Heuhaufen.

~

Wer sich gehen lässt, wird nicht weit kommen.

~

Zu Zeiten von Adam und Eva stimmte die Frauenquote noch.

~

Im zweiten Frühling erblühen höchst spezielle Gewächse.

~

Kämpfe nie für etwas, das – so, wie gedacht – nicht realisierbar ist.

~

Der schlechte Menschenkenner versagt als Gutachter.

~

Erst zusammen saufen, dann zusammen raufen.

~

Nüchtern betrachtet, erscheint die Ewigkeit zeitlos.

~

Wer zuletzt lacht, täuscht vor, den Witz verstanden zu haben.

~

Keine Flüssigkeit der Welt stillt den Wissensdurst!

~

Übertriebene Vorsicht – eine tückische Unfallquelle.

~

Ich wurde nicht geboren, um als Statist durch die Welt zu irren.

~

Mit dem eigenen Lebensweg wählt man sein Schicksal.

~

Diogenes steht synonym für antike Wohnraumknappheit.

~

Erkenne dich selbst, bevor du durchschaut wirst!

~

Wer sich nicht mitteilt, nimmt wortlos teil.

~

Auf die Behörden ist Verlass – alles nur eine Frage der Zeit.

~

Der Saat des Bösen ziehe ich das hartnäckigste Unkraut vor.

~

Ob Friedhof oder Tal der Könige genannt: Tote ruhen dort.

~

Liebe ist personengebunden, Hass kann amorph auftreten.

~

Den richtige Moment? Woran erkenne ich ihn?

~

Ob ein Suchender findet, hängt stark von seinem Anspruch ab.

~

Der Sand im Getriebe – älter als jedes Getriebe.

~

Direkt neben Bruder Lustig wohnt Schwager Listig …

~

Dort, wo alle hinrennen, geht es scheinbar Richtung Zukunft.

~

Mit welchem Argument vermehren sich die Pessimisten?

~

Wie vital ist der gesunde Durchschnitt wirklich?

~

———

Das Nachsehen hat, wer sich nicht vorsieht.

~

Mittag (der): bester Isst-Zustand.

~

Dr. h. c.: Nie sollst du mich fachlich befragen!

~

Der Wegsehende behauptet, die Lage sei aussichtslos.

~

Dritte Zähne bekommt man meist in mehreren Etappen.

~

Wer sich neue Ziele setzt, wird plötzlich wieder jung.

~

Die Pflicht hört niemals auf zu rufen!

~

Auf der letzten Fahrt redet niemand mit dem Fahrer.

~

Wer nicht helfen mag, der bedauert!

~

Stets verknüpft sich Tragik mit einem Schicksal.

~

Überlasse Hänsel die Beantwortung der Gretchenfrage!

~

Zeit zeugen – ja, wenn man das könnte …

~

Liebe ist schöpferisch, kann aber auch ganz schön erschöpfen.

~

Nur Frauen tragen Kleider, aber alle Menschen Kleidung.

~

Karl Kraus muss man verstehen, lesen allein bringt nichts.

~

———

Mitleid lässt ein Unglück weit schlimmer erscheinen.

~

Karikaturen sind piktogrammierte Aphorismen.

~

C. ernährt sich fast ausschließlich von Mediterrinen.

~

Immer, wenn sich C. dumm stellt, wirkt er höchst authentisch.

~

Wer sich nicht rechtzeitig duckt, den trifft der Schlag.

~

Zeitgemäß agierend = meinungslos mitschwimmend.

~

Der Tod muss nicht warten, er hat alle Zeit der Welt!

~

In die eigene Grube fällt, wer sich selbst etwas vorspielt.

~

Drohender Klimawandel ungleich erfolgendem Geisteswandel.

~

Immerhin kostete mein leerer Geldbeutel einmal viel Geld …

~

Um die Brille selbst zu reparieren, benötigt man eine Brille.

~

Kanalarbeiter gehen dienstlich unter's Volk.

~

Vertrauen ist gut, Misstrauen verständlich.

~

Lieber ein kleiner Dummer, als der größte Idiot!

~

In den Straßen und Gassen spricht niemand Amtsdeutsch.

~

Es darf keine Schonung erwarten, wer sich bewähren will.

~

Um gegen den Krieg zu sein, muss man keinen miterlebt haben.

~

Wer sich selbst fand, muss nur noch zu sich kommen.

~

Immerhin stecken in leeren Versprechungen viele Worte ...

~

Mitesser sind unbeliebt – im Gesicht, wie auch bei Tisch.

~

Du salbst mein Haupt und ... die Frisur sitzt!

~

Wer Mut und schnelle Beine besitzt, ist doppelt im Vorteil.

~

In 100 Jahren ist kein „Zurück zur Natur!" mehr möglich.

~

Nur wenige von all denen, die abhängen, baumeln am Strick.

~

Die wenigsten gefallenen Engel verletzten sich ernsthaft ...

~

Auf die Nächstenliebe eines Sadisten kann ich verzichten.

~

Wer sich stellt, sitzt wenig später.

~

Kein einziges deiner Ziele wird zu dir kommen.

~

Liebe macht blind und manchmal auch mittellos.

~

Wer Tatsachen ins Auge sieht, erkennt ihren geistigen Gehalt.

~

Dumm stellen funktioniert auch im Liegen.

~

Durststrecke (die): Zeit zwischen zwei Kaffeepausen.

~

In Addition der Sekunden schieben sich Ereignisse vorwärts.

~

Verzeihung zieht selten einen Schlussstrich.

~

Unbefleckt gehen die Kinder hinaus zum Spielen …

~

Alles hat einen Haken, das wissen die Fische nicht.

~

Was tat ich an dem Tag, an dem ich nichts hinzulernte?

~

Wer Ahnung hat, muss auch nur damit arbeiten!

~

Kein optimistischer Entschluss läutet das Ende ein.

~

Eile und Langeweile passen nicht zusammen.

~

Das Umfeld sieht schwarz für einen, der täglich blau macht.

~

Suchet fair bezahlte Arbeit, und ihr werdet nichts finden.

~

Bevor das Thema spruchreif, kritisieren die Ersten bereits.

~

Das letzte Wort hat, wer die erste Geige spielt.

~

Wer traumlos schläft, hat weniger vom Leben.

~

Niemand weiß alles, kein Mensch weiß gar nichts.

~

Unbeliebt ist, wer zur Arbeit ruft.

~

Nicht jeder, der sich im Kreis bewegt, möchte ausbrechen.

~

Jeder, der gar nichts tut, geht eindeutig zu weit.

~

Wer permanent verharrt, hat keinen Standpunkt!

~

Nur wer Umwege beschreitet, lernt Land und Leute kennen.

~

Im Verharren liegt ruhende Kraft, die nie abgerufen wird.

~

Mittäter sucht, wer Helfershelfer rekrutiert.

~

Träumer sind geistig im Urlaub.

~

Mitleid allein bewirkt keinerlei Veränderung.

~

Jede Hitliste lebt allein von ihrer subjektiven Natur.

~

Ungelegte Eier sind nicht einmal als Eier zu bezeichnen.

~

Keine wirkliche Geistesgröße bewertet sich selbst!

~

Ahnungslose begehen keine intellektuellen Fehler!

~

Nur wer leistet, leistet sich Fehler!

~

Es streut Gerüchte aus, wer Schlimmes verbergen will.

~

Der Chef bleibt Chef, auch wenn du im Recht bist!

~

Wer überall zu Hause ist, auf den wartet nirgendwo jemand.

~

Lebenslang bleibt Dilettant, wer nicht an sich selbst glaubt.

~

Kaum war der Mensch erschaffen, da schuf er sich einen Gott ...

~

Ein Autor vergeht, seine Bücher bleiben!

~

Mit fremder Meinung spricht niemand aus eigener Erfahrung.

~

Die letzte Frage hallt in einer menschenleeren Welt nach.

~

Mitreden ist angesagt, mithandeln will niemand.

~

Wer alles besitzt, hadert mit der Menge.

~

Unheimliche Begegnungen gibt es in vielerlei Arten.

~

Auf den Alkohol ist Verlass: Er vergisst nie zu wirken!

~

Sanftmütige Leute sollten nicht in die Politik gehen!

~

Wer um die Fakten weiß, kann Ängste begründen.

~

Lieber auf den Busch klopfen, als ins Kraut schießen.

~

Möchtegern = Taugenichts!

~

Morgen ist Dr.-Oetker-Tag, da hauen wir auf den Pudding.

~

Kein Dieb ist, wer sich die Freiheit nimmt.

~

Auf einem Aktenberg suchst du das Gipfelbuch vergeblich.

~

Motto der Wäschediebe: Nachts sind alle Schlüpfer grau!

~

Auf „lebenslang" folgt „ewig".

~

Wer Unkenntnis vermarktet, belügt Menschen.

~

Wir haben alle Zeit der Welt und doch nicht alle Zeiten.

~

Dein Wille geschehe, doch mit wessen Legitimation?

~

Musik ist die gesteigerte Form von Emotion.

~

Auf falschem Gleise bewegen sich keineswegs nur Züge …

~

Uneinsichtig, aber eben nicht mutig, ist der lebenslang Feige.

~

Schwarzes Schaf sucht desillusionierten Wolf …

~

Aufruf an alle *vs.* Taubheit der Masse.

~

Dem übermäßigen „Prost!" folgt zwingend die Ernüchterung.

~

Wer von der Jagd erzählt, berichtet über seltsamste Tiere.

~

Wer die Frau beim Wort nimmt, muss sie heiraten.

~

Satiriker machen Streitfragen zu Lachnummern.

~

Kein Bettgenosse legitimiert sich mit seinem Parteibuch.

~

Blähung (die): Rebellion der Gedärme.

~

Aus Büchern wird man schlauer als aus den Frauen.

~

Möglich ist vieles, die Frage ist nur: Wer macht die Arbeit?

~

Wer wild gestikuliert, macht leisen Krach.

~

Schwätzer ersetzen ganze Bedienungsanleitungen.

~

Liebe tut weh, nicht nur in SM-Kreisen.

~

Wir nehmen auch kleine Schecks und große Scheine.

~

Undank ist der Welt Hohn …

~

Seelische Wunden pflegen am längsten zu bluten.

~

Ungeahnte Möglichkeiten sind oft unüberschaubare!

~

Kein Freund der Bücher denkt an deren Heizwert.

~

Wer gegen den Strom schwimmt, wird nie das Meer sehen.

~

Besser als der Friseur frisiert nur der Statistiker.

~

Lieber ein armes Schwein, als ein reicher Teufel.

~

Bibelfeste heißen die Feten der Bibelfesten.

~

Wer will schon einsehen, dass er schlecht aussieht?

~

Kein Metier, das frei wäre von Pfuschern.

~

Hinsehen ist seliger als Wegschauen!

~

Bei Tageslicht kann jeder Erbsen zählen.

~

Lieber ein begnadeter Fachmann, als ein begnadigter Pfuscher.

~

Mut (der): Schmierstoff allen Handelns.

~

Auf vieles hoffen, aber alles erwarten …

~

Schweigen im Walde – das Echo bleibt aus.

~

Ziele gibt es zahlreiche, als Endpunkte nur den einen.

~

Muss ein Gelehrter gehen, so nimmt er seine Weisheit mit.

~

Besser die Nase voll als die Hose.

~

Beim Weinen kullern die Tränen, nicht aber die Probleme.

~

Mut zu haben, erfordert keinerlei Equipment.

~

Wer zu nah an das Bild rückt, sieht nur noch Pixel.

~

Bitte lass' die Schuhe an, ich kenne deine Fußnote!

~

Auge um Auge sieht schlechter, Zahn um Zahn fällt aus.

~

Segnungen der Technik bringen neue Gefahrenpotentiale mit.

~

Unbemannt zu sein, ist einiger Frauen Los.

~

Mutter sagt, wo es langgeht – daher der Begriff „Muttersprache".

~

Wer einmal lügt … bestand die erste Politiker-Prüfung.

~

Beim Talwärtsschreiten genieße ich den Niedergang.

~

Schönheit lässt sich beschreiben, aber nicht definieren.

~

Beim gepanschten Mineralwasser fehlt die Quellenangabe.

~

Sehen und gesehen werden = denken, aber unbedacht tun.

~

Unbezahlbar – ein geschenktes Vertrauen.

~

Aus Evas Rippe erschuf Gott den Prototyp der Beamten.

~

———

Marmor, Stein und Eisen bricht, die Biosphäre etwa nicht?

~

Schwarz auf weiß – das kann auch Schmutz am Kragen sein.

~

Wer zuletzt lacht, möchte gehört werden.

~

Multitasking: verheiratet sein und permanent fremdgehen.

~

Kein Hinkommen ohne Herkommen.

~

Wir sind alle gleich, bis auf jene, die anders sind.

~

Wer's klaut, wird nicht selig.

~

Jeder Maler, der sich portraitiert, wird zum Selbstdarsteller.

~

Sehnsucht ist objektbezogene Hoffnung.

~

Ausbilder Schmidt machte die Luschen gesellschaftsfähig.

~

Kein Steilhang, an dem nicht ein knorriger alter Baum wächst.

~

Bei den Kängurus hat nur die Mutter was im Beutel.

~

Zu den berechnenden Menschen gehören die Mathematiker.

~

Unkluges Verhalten – keine Frage der Intelligenz.

~

Die falschen Spuren hinterlässt, wer Schmutz ins Haus trägt.

~

Jeder ist sich selbst der Nächste und jeweils Nachfolgende.

~

Alleskönner zeichnet aus, dass sie nichts beherrschen.

~

Unkraut vergeht nicht, im Pflanzen- wie im Menschenreich!

~

Wer zum Strick greift, will vielleicht nur die Glocke läuten.

~

Auslaufmodell (das): anderes Wort für schwache Blase.

~

Sein Recht erstreitet niemand nebenbei mit links.

~

Wer etwas reizend findet, könnte Allergiker sein.

~

Wie der Name bereits andeutet: Aristoteles ist tot!

~

Beim Mittagessen spricht der Papst vermutlich Küchenlatein.

~

Am Geldhahn werkeln ganz spezielle Klempner.

~

Ausnahmen besänftigen die Regel.

~

Außerhalb der Erde zählt unser Geld nichts und niemand.

~

Schluss mit lustig, Ernst ist tot!

~

Wer leer ausgeht, kann sich unterwegs nichts kaufen.

~

Unschuld verknüpft sich nicht generell mit Nacktheit.

~

Eine Beichte schafft neuen Platz in der Seele.

~

Kein Pornofilm mit Dame ohne Unterleib.

~

Sein und Haben – alles andere scheint heute ohne Belang.

~

Ein Schiff wird kommen, aber nicht alle mitnehmen.

~

Ach, wie gut, dass alle wissen (dank den sozialen Medien).

~

Um die Wichtigkeit der Kürze wissen alle Aphoristiker.

~

Jeder Kampf ohne Ziel wird zum Krampf.

~

Wir sind die Letzten, die naiv an das Gute glauben.

~

Wer ein Buch schreibt, leistet eine sehr lange Unterschrift.

~

Wer die Beine in die Hand nimmt, hat immer noch eine frei …

~

Was als Realität gilt, muss nicht zwingend normal sein.

~

Die einen entwickeln sich, die andere ziehen das Entpuppen vor.

~

Unkräuter hauchen dem Ödland Leben ein.

~

Keine Ahnung vom Kopfrechnen, aber unberechenbar.

~

Schmeichler eignen sich nicht als Fürsprecher!

~

———

Unordnung (die): schlecht organisiertes Chaos.

~

Was auf dem Fuße folgt, fällt manchmal schwer drauf.

~

Eine Ernüchterung ist kein Grund zum Saufen.

~

Keine Ahnung von Kunst, aber die Preise der Objekte kennen …

~

Wer mit der Mode geht, muss oft in seinen Schränken rücken.

~

Wüsste jeder, wovon er spricht, unterblieben viele Reden.

~

Als normal gilt, was momentan vermarktbar!

~

„Was macht der Rückzug?" „Fortschritte!"

~

Dekadenz beschränkt sich nie auf eine Dekade.

~

Ahnungslose melden sich bei jedem Thema zu Wort!

~

„Keine Zeit!", schreien alle, nie ruft einer: „Kein Geld!"

~

Seit C. das erste Lob empfing, hält er sich für bedeutend.

~

Was Frauen sagen, ist richtig (nervend).

~

Unsere Ökosphäre: Aus dieser einen Quelle trinkt die Welt.

~

Seit es Angler gibt, wird viel, viel mehr geprahlt.

~

Die Wohnung eines Menschen ist seine zweite Seele.

~

Widersprechen darf nicht strafbar sein.

~

An der gewählten Aufgabe wird man lebenslang gemessen.

~

Lieber angespornt von Visionen, als getrieben von Illusionen.

~

Lieber ein irrender Denker, als ein denkender Irrer.

~

Was früher besser war, wollen wir heute noch vorteilhafter.

~

Zwischen Illusion und Utopie liegen Welten.

~

Keine Mitsprache ohne Mithaftung!

~

Scheintot: Geld, das nicht arbeitet.

~

Witwe (die): Frau aus zweiter Hand.

~

Am Ende ihres Lebens geben Japaner die Stäbchen ab.

~

Unser Jackpot auf Zeit heißt Lebenserwartung.

~

Schlafen Zuhörer ein, erreicht der Redner wenigstens ein Ziel.

~

Alle deutschen Straßen führen zur Autobahn.

~

Wir sind das Volk … der Konsumenten und Nichtwähler.

~

Unsere Tage sind gezählt! Unser Geld auch!

~

Der Tod – das große Kommende!

~

Schlechte Bilder stecken meist in wertvollen Rahmen.

~

Seit Meier nebenan wohnt, ist es vorbei mit dem Stillleben.

~

Bedeppert schaut hinterher, wer das Nachsehen hat.

~

Was ist schwerer zu stehlen: eine Tonne Federn oder eine Tonne Schrott?

~

Keine Koryphäe ist aller Leute Mentor.

~

Lieber ein untriebiger Geist als ein triebgesteuerter.

~

Die moralischen Gesetze gehören zu den ungeschriebenen.

~

Autoren lügen nicht, sie nutzen dichterische Freiheiten.

~

Wissen schließt Gewissen nicht automatisch mit ein.

~

C. meckert nicht, er redet immer so!

~

Ein gelöstes Problem verweist auf zehn seiner Brüder.

~

Seit Jahrtausenden wird morgen alles besser.

~

Außerhalb der Norm, aber innerhalb des Machbaren.

~

Meinungslosigkeit ist keine Aktie von Bescheidenheit.

~

Unsitten verfallen nie in Richtung der Sitten.

~

Keine Enthemmung ohne Enthemdung.

~

Wo lebt der, dem die Welt gestohlen bleiben kann?

~

Aussterben gleich kollektives Zugrundegehen.

~

Lieber ein Fachidiot als ein universeller.

~

Im Extremfall fällt einer tiefer, als er aufstieg …

~

Ohne einander näher zu kommen – keine Liebe oder Schlägerei.

~

Was lange währt, ist meist ein Provisorium.

~

Schadstoffe stecken in den Kinderschuhen …

~

Selbst an der Sparflamme kann man sich verbrennen.

~

Was nützen Marktlücken, die keine Bedarfslücken sind?

~

Dank Geschmacksverstärkern kommt der Appetit beim Essen.

~

Keine Verliererstraße ohne Todeskurve.

~

„Du kannst mich mal!" kann vieles bedeuten!

~

———

So ist er: hochnäsig und schlitzohrig.

~

Lieber eine junge Griechin studieren, als die alten Griechen.

~

Das Verschleiern von Frauen ergibt manchmal Sinn …

~

Wie ich mir, so nicht zu dir!

~

Abführmittel verkauft der Apotheker oder legt die Polizei an.

~

Alkoholisiertes Fahren kulminiert zu einem „Dumm gelaufen".

~

Unsinn reden und Sinnloses tun, liegen nah beieinander.

~

Keine Panik, noch sieht man den Wald vor lauter Unrat!

~

Auch Atheisten begehen Kardinalfehler.

~

Oft erweist sich das Traumboot der Liebe als Titanic.

~

Zwei benachbarte Berge teilen sich einen Zusammenhang.

~

Bereits Goethe war Corona bekannt.

~

Was war die eine Ur-Sache aller Ursachen?

~

Als Rubens die Frauen malte, war Adipositas noch in.

~

Lieber auf dem Trockenen liegen, als dort sitzen.

~

Keine Suche ohne das Betreten von Sackgassen!

~

Als siebter Zwerg ist man stets der letzte!

~

Was wurde aus den Müttern des Erfolges?

~

Zynismus tritt mit Hinterlist stets in Symbiose auf.

~

Unsterblich – das ist niemand, und unausstehlich ...

~

Selbst angezogen wirken die Frauen anziehend.

~

Schüler, Abgeordnete, Beamte und Sträflinge sitzen ...

~

Wer dick aufträgt, verdeckt feine Details.

~

Das Synonym von Selbstbefriedigung lautet: Individualverkehr.

~

Am Jüngsten Tag, da sehen wir alle alt aus.

~

Keine Sorge! Der Paragraphendschungel wird nicht abgeholzt.

~

Was zu Kopfe steigt, bringt selten Gutes ein.

~

Adam war der erste, der beim Bio-TÜV als Affe durchfiel.

~

Maßstäbe setzen, ja, aber für andere sollen sie gelten.

~

Lieber im Wege stehen, als gar nichts tun.

~

Unter dem Kitsch verstecken sich sehr viele Staubfänger.

~

Das Studium der Fußnoten lässt den Kopf brummen.

~

Ein Mensch, inmitten von Büchern – es könnte Tarnung sein.

~

Das meiste Lehrgeld zahlt man mit eigener Substanz.

~

Alle Suchenden sterben auch als solche.

~

Nicht immer macht gar nichts, wer es sich einfach macht.

~

Keine Nächstenliebe ohne vorherigen Selbstversuch.

~

Das Unmessbare entspricht nicht dem Unermesslichen.

~

Adipöse Männer – das sind Pfundskerle.

~

Gönne den anderen alles von Grund auf Gute.

~

Die Zeiten sind vorbei, wo Amalgam in aller Munde war.

~

Sparbuch (das): ein Armutszeugnis, eventuell.

~

Akropolis (die): bekannteste Götter-WG.

~

Ist es zu viel verlangt, Bescheidenheit anzumahnen?

~

Keinerlei Kenntnis kommt darüber hinaus, Inselwissen zu sein.

~

Seinen Wert kennt nicht, wer sich unter ihm verkauft.

~

Schwindet der Zauber, setzt sich die Gewohnheit durch.

~

Lieber Schalk im Nacken als den Gerichtsvollzieher.

~

Das soziale Netz ist keine reißfeste Plane.

~

Alles fließt und die Zeit läuft!

~

Niemand von uns hat kinderlose Vorfahren …

~

Wir haben keine Wahl – sie findet erst im nächsten Jahr statt.

~

Was wirkliche Religion ist, das wissen die Götter.

~

Klugscheißer düngen mit Effizienz null.

~

Alle wollen kritisieren, niemand sich selbst ändern.

~

Mit der Lupe betrachtet, sieht jedermann faltig aus.

~

Unter seinesgleichen kann sich niemand verstecken.

~

Nichts zu sagen haben, aber endlos diskutieren wollen …

~

Viele Gebrauchsanweisungen spotten jeder Beschreibung.

~

Kommt das große Geld ins Spiel, ändern sich alle Regeln.

~

———

Jeder ist das Opfer eigener Sünden.

~

Wer Umwege geht, lebt deswegen keinesfalls länger.

~

Alle Wege, die nicht nach Rom führen, enden vor dem WC.

~

Zwar heißt es Diskussion, doch reden stets dieselben.

~

Das Siegel der Verschwiegenheit kann finanzieller Natur sein.

~

Unterlassene Hilfeleistung gilt als vollzogene Tat.

~

Kollidierende Fakten liefern die besten Denkanstöße!

~

Alle, die pleite, sind durch die Bank nicht kreditwürdig.

~

Lieber Trauzeuge als Klauzeuge.

~

Was (außer Geld) ist heut' noch Menschen heilig?

~

Zwei schweigende Frauen – ein höchst utopisches Szenarium.

~

Viele Argumente sind nur getarnte Vorbehalte.

~

Unterlaufen (das): Sonderform des Hintergehens.

~

Chef (der): kleinstes aller höheren Wesen.

~

Selbst an der schlechtesten Nachricht verdient irgendjemand.

~

———

Kluge Geister glauben nicht an Gespenster.

~

Jeder Erfinder ist ein Spinner mit Realitätssinn.

~

Tee und Reisende muss man ziehen lassen.

~

Vor mir das Chaos, nach mir die Sintflut.

~

Verantwortliche erkennt man an null Fachahnung.

~

Alles besser machen wollen: Phantasterei der Opposition.

~

Über Geld spricht man nicht – man zählt es!

~

Am Marathon teilnehmen? So weit würde ich nie gehen.

~

Lieber völlig unbekannt, als berühmt-berüchtigt.

~

Das dicke Ende betrifft auch Untergewichtige.

~

Veganer (der): tierisch eingefleischter Vegetarier.

~

Unterscheide siegende Helden von erfolgreichen Schlägern.

~

Wenn C. die Hand ausrutscht, dann nicht bei der Arbeit.

~

Fällt der Groschen, bückt sich kaum einer danach.

~

Theoretisch müssten Praktiker Fachleute sein.

~

Das Spiel auf Zeit kann man nicht gewinnen.

~

Der treffende Einfall – was für ein glücklicher Zufall.

~

Zu den „gewissen Leuten" zählen jene ohne Gewissen.

~

Wer mit der Mode geht, kommt neu eingekleidet wieder.

~

Kleinliche Leute halten meist das große Geld fest.

~

Untertanengeist und Hinterlist liegen stets eng beieinander.

~

Lieber still sitzen, als stillgelegt!

~

C. wurde rausgeworfen, bevor er mit der Zeit gehen konnte.

~

Stetes Gleichmaß lässt Langeweile keimen.

~

Könnte C. doch nur so, wie er wöllte, dann täte er gar nichts.

~

Streiken die Fluglotsen, kommt niemand in den Himmel.

~

Nicht jeder Gequälte hatte die Wahl.

~

Das Startareal ist bekannt, vom Zielgelände weiß man nichts.

~

Liegen sich zwei in den Haaren, spart keiner die Friseurkosten.

~

Einer, der zu weit ging, ward nie mehr gesehen.

~

90

Spuren im Schnee, Spuren im Sand – nah verwandt.

~

Kapieren geht nicht ohne Studieren!

~

Das Kleingedruckte hält nicht, was es verspricht!

~

Lokalpatrioten erkennt man am schwankenden Gang.

~

Unterscheide körperliches Altern von geistigem Welken!

~

An der Fruchtbar bieten sie leider keine Bowle an!

~

Das Sprichwort verstehe als Wegweiser, nie als Paragraphen.

~

Er wollte seinen Weg gehen, blieb jedoch auf der Strecke.

~

Die größte Sorge gelte der Zukunft der Zukunft.

~

Jede Wirkung kulminiert zur zukünftigen Ursache.

~

Kopf hoch, da unten ist nichts!

~

Das Stillleben mitten in der City scheitert am Verkehrslärm.

~

Steuersünder kriechen unter bürokratischen Hürden durch.

~

Der Glaube an Zeitpolster: ein folgenschwerer Irrtum!

~

Verteidigt man Leute, so heißt es: „Du bist einer von denen.“

~

_____

Schweigegeld bremst die Redefreiheit aus.

~

Selbst auf den Jungferninseln dürfte es Bordelle geben.

~

Das Streben nach dem ganz großen Geld: eine Pandemie.

~

Unterscheide: tatenlos Wegsehende und hilflos Zusehende!

~

Vielleicht ist Fakir, wer zwischen den Stühlen sitzt.

~

Schließe die Augen und sieh denkend weiter.

~

Löse komplizierte Probleme und erwarte niemandes Dank!

~

Ein Quickie am Abend – erquickend und labend …

~

Wir wissen, was mit Leuten geschieht, die zu viel wissen.

~

Ist C. drauf und dran, geht es drunter und drüber.

~

Unzufriedenheit kennzeichnet Arme wie Reiche.

~

Verhandeln steht bei Dogmatikern nicht auf der Agenda.

~

Der Mensch denkt – so beginnt jegliches Chaos.

~

Ich kann auch anders, der Möglichkeiten gibt es viele.

~

Jeder, mit einem Ziel vor Augen, darf als gläubig gelten.

~

———

Wird freier geredet, dann nicht unbedingt fachlicher.

~

Lustmolche gehören nicht zu den geschützten Amphibien.

~

Kaum ein Film bleibt folgenlos.

~

Wer Grundsätze kennt, ist nicht mehr als ein Theoretiker.

~

Ja, er trat ins Fettnäpfchen, aber immerhin war er pünktlich da.

~

Kreuzfahrer trifft auf Quertreiber – wer hat Vorfahrt?

~

Durch Ahnung kompensiertes Unwissen ist gefährlich!

~

Wo das Geld regiert, muss der Mensch beiseite treten.

~

Mitreden ungleich gedankenlosem Nachplappern.

~

Spur der Steine mit vier Buchstaben: Mure.

~

Wenn sich das Blatt wendet, muss es auf den Kompost.

~

Egoist (der): „Ich – bin das Volk!"

~

Jedem Boom folgt unweigerlich das Bumm!

~

Sei Diener deiner Talente, niemals jedoch Sklave!

~

Vorrangig auf Verliererstraßen wird intensiv geblitzt.

~

———————

Kreditmillionäre leben gefährlich nah am Abgrund.

~

Beim stetig Klagenden laufen die Geschäfte gut.

~

Lustspiel (das): eine Tragödie, in Kinderschuhen steckend.

~

Geht diese Person gerade in oder auf die Knie?

~

Unverzehrt gilt der Fliegenpilz als Glückssymbol.

~

Vererbte Angst arbeitet mit Erfahrung.

~

Aquarium (das): kleinstes aller Meere.

~

Das schnelle Geld – ist es da, ist es weg.

~

Säe niemals dort aus, wo du nichts zu sagen hast!

~

Einer, der einsam stirbt, lebte auch völlig unbeachtet!

~

Nicht einfach nur Mensch ist, wer kein einfacher Mensch ist.

~

Jeder darf seine Meinung ins Leere äußern.

~

Unvermögen ist nicht mit Geld zu bezahlen.

~

Wetterlagen halten manchmal länger als Meinungen.

~

Das Schöne ereignet sich, Unglücke geschehen.

~

Einmal hat er sich vergessen und danach abgegessen!

~

Kriege sind eskalierte Verteilungskonflikte!

~

Die Zeit läuft mir davon und reißt mich mit.

~

Reden wir einfach über alles, am besten vernünftig.

~

Unverbindlich: eintretender Zustand, wenn alle Stricke reißen …

~

An jeder Straßenecke klingt das Gerücht ein wenig anders.

~

Das schönste an den Traditionen sind die Verzehrrituale.

~

Auf die Theorie folgt die Praxis oder eine neue Theorie.

~

Das Davonlaufen spielt sich heute zumeist per Auto ab.

~

Kritik am Aphoristiker mittels Aphorismus sollte tabu sein.

~

Urlaub hing vor vielen Millionen Jahren an den Bäumen.

~

Wie oft hängt die neue Marionette an den Stricken der alten …

~

Wir haben genug Zeit, sind jedoch unfähig, sie uns zu nehmen.

~

Wollen und Hoffen gehört nicht zu den Leistungen.

~

Wurst egal, wie viele E-Nummern drinstecken.

~

Verbrüderung schafft kein Anrecht auf des Anderen Frau.

~

Dort, wo alle hinrennen, geht's scheinbar Richtung Zukunft.

~

Wer nicht alle Tassen im Schrank hat, sollte endlich aufwaschen.

~

Der Made im Speck ist der Cholesterinspiegel egal.

~

Der Spitzname ist eben auch ein Name, den man sich macht.

~

Ihm ist eher ein Handwerk beizubringen, als Disziplin.

~

Die Kraft mag schwinden, doch der Mut muss bleiben.

~

Das Reinheitsgebot von Freibier hinterfragt niemand.

~

Wie jemand eine Bauzeichnung erklärt, ist Auslegungssache.

~

Als Cousine von Väterchen Frost darf die Kalte Sophie gelten.

~

Gespenster haben Phantombilder im Personalausweis.

~

Glaubt niemand mehr an Gutes, sind die Bestien unter sich.

~

Der scheinbar ruhender Beamte testet Schlaftabletten.

~

Ist der Exhibitionist schlecht drauf, lässt er was stecken.

~

Das kleine Hintertürchen macht Vordergründiges vertuschbar.

~

Das Leben formte ihn nicht, wohl aber der Alkohol!

~

Auf einem Überholspuräquivalent zieht C. am Leben vorbei.

~

Statt einer neuen Uhr besäße ich lieber einen Zeitbonus.

~

Dem Bösesten folgen keinesfalls gemäßigt Böse.

~

In der islamischen Welt schenkt man anderen reinen Tee ein.

~

Tatsächlich gibt es Leute, die seit vierzig Jahren jung bleiben.

~

Vom rechten Weg abgekommen, prallt man links an den Baum.

~

Einige Leute bleiben aus Tradition nur kurz verheiratet.

~

Jede Flasche Schnaps ist gefüllt mit vielen guten Tropfen.

~

Nackte Menschen sind ‚enthemd'.

~

Goldglanz beschränkt sich auf Oberflächen.

~

Der kleinste Riese zählt nicht zu den Zwergen.

~

Es gibt Unglaubwürdige und Fragwürdige.

~

Aus großer Entfernung erscheint die Zukunft golden.

~

Wer nicht vom Weg abkommt, wird am Ziel ankommen.

~

Kommt einer stets mit leerer Händen, sollte uns das lehren.

~

Kein Schwätzer kommt zum Punkt, an dem alles gesagt ist.

~

Jeder Baum der Erkenntnis war mal ein kleiner Busch.

~

Selbst Weltmeere stellen kein Fass ohne Boden dar.

~

Einem Akademiker kann man keine Sense in die Hand drücken …

~

Leben (das): ein einzigartiger Krimi!

~

Die Dosis macht's, oder die Menge, mit der man zufrieden ist.

~

Japaner benutzen zwei Stäbchen, Schürzenjäger eins.

~

Auch Veganer lesen Wurstblätter.

~

Computerneulinge befinden sich in der Anwenderpupertät.

~

Die Familie ist das Stringfädchen der Gesellschaft.

~

Manch' Leber hat mehr zu tun als zwei Hände.

~

Jegliche Euphorie weicht irgendwann der Tragik.

~

Meine Talente? Keine Ahnung!

~

Gemessen am Lernen, bleibt Hans lebenslang Hänschen.

~

Der reiche Gourmet lässt sich das Kosten viel kosten.

~

Entweder: Gesagt – getan, oder lebenslang angekündigt!

~

Wunschlos Glückliche tun nichts für den Fortschritt.

~

Ein wirklich großes Vorhaben verlangt lebenslanges Mühen.

~

Was mit einem Liebesakt begann, endete oft als Drama.

~

Fremdwörter stellen für viele Bürger böhmische Dörfer dar.

~

Neider sind vor allem eines: kleinlich.

~

Besserwisser rekrutieren sich stets aus Abseitsstehenden.

~

Der Wahlzettel dient der Abwägung verschiedenartiger Übel.

~

Der Weg ist zwar das Ziel, dennoch sollte niemand bummeln.

~

Alles ist Geschmackssache – vieles keiner Verkostung wert.

~

Der Floh muss in der Höhle des Löwen nichts befürchten.

~

Selbst mit Kochbuch kannst du in der Küche scheitern.

~

Ob mit oder ohne Sommerzeit – August ist Sommerzeit.

~

Freilos gleich Hoffnungslos.

~

Nicht jeder Ahnungslose tritt sprachlos auf.

~

Lange bleibt man ganz der Alte, dann wird man es.

~

Sind Veganer Pestizid-Junkees?

~

Der Mensch neigt eher zum Glauben als zum Wissen.

~

Auf der Stelle: punktgenau hier und jetzt.

~

Jeder Vielfraß hat irgendwann abgegessen.

~

Egal, ob das Fleisch willig oder nicht, es landet auf den Rost.

~

Vor lautem Wundenlecken kommt mancher nie zum Arbeiten.

~

Nicht jeder, der verrückte Ideen hat, denkt unrealistisch.

~

Der Zug ist abgefahren, wengleich er eine Stunde später kam.

~

Die Macht der Gewohnheit erweist sich als Zwangsjacke.

~

Wer als Esel durchfällt, taugt vielleicht zum Kamel.

~

Mein Tischlein deck' ich ganz nach eigenem Ermessen …

~

Wer das Leben zu leicht nimmt, lässt es leicht hinter sich.

~

Die unendliche Geschichte: das Versprechen, sich zu bessern.

~

Ein Schiff wird kommen und … alle Hoffnung mitnehmen.

~

Wände haben Ohren, einige Duschkabinen Augen …

~

Die Sonne geht auf, der Mensch steht auf.

~

Zurück zur Natur? Immer dem Müll nach!

~

Die Zeit vergeht, ohne sich dabei aufzubrauchen.

~

„… ist so kalt der Winter …“ – wie lange noch?

~

Selten zeigen sie all ihr Potential – die ganzen Kerle.

~

Alle, die über sich hinauswachsen, fingen einmal klein an.

~

Das gesellschaftliche Wetter vermag niemand vorherzusagen.

~

Das Wohlwollen der Mitmenschen ist mir Orden genug.

~

„Zeitnah“ – was für ein relativer Begriff!

~

Die eigene Meinung ist in Wirklichkeit eine adaptierte.

~

Die bare Münze steht stellvertretend für Schein oder Scheck.

~

Was sich einer mit Macht einbildet, das hält er für bewiesen.

~

Wer an fremdem Glück sägt, ist eigenes nicht wert.

~

Der Hausschwamm gehört nicht zu den Glückspilzen.

~

Jung bleiben kann nur, wer einmal jung war.

~

Erkenne dich selbst, ehe dich andere durchschauen.

~

Selbst größte Lumpen stecken in edelsten Anzügen.

~

Nicht alles Menschenmögliche ist als human zu bezeichnen.

~

Der Tod ist nicht das Ende, meine Asche existiert weiter.

~

Im Idealfall wachsen Träume zu Einsichten.

~

Auf dem Laufenden und am Laufen halten, ist nicht dasselbe!

~

Leute, die viel Wind machen, streuen nutzlose Energien aus.

~

Die wenigsten Rasenlatscher sind kurzsichtig.

~

Wer den falschen Weg wählt, trifft unterwegs viele Bekannte.

~

Selten wird einer das, was er hätte werden können.

~

Es genügt eine Geste, wenn das Thema nicht der Rede wert ist.

~

Das Volk lässt sich verdummen, ohne es zu sein.

~

Jeder weiß, was kommt, das „wie" kennt niemand.

~

Eine Politik kann scheitern, aber niemals die Menschheit.

~

Ohnmächtig stehen wir da, doch keinesfalls bewusstlos.

~

Ist die Singstimme im Keller, hilft auch kein Resonanzboden.

~

Das Echo eines beschädigten Rufes steht in der Zeitung.

~

Das Auge des Gesetzes ist anfällig für optische Täuschungen.

~

Wer stetig hinnimmt, lässt größte Verbrechen zu.

~

Wer vom Weg abkommt, betritt Neuland.

~

Pfuschende Linkshänder pochen auf ihre Rechte.

~

Wer klugen Frauen aus dem Weg geht, muss blöd sein.

~

Nicht jeder, der den Boden küsst, ist gestolpert.

~

Niemand vermag unendlich viele Opfer zu bringen.

~

Ein treffender Hinweis macht noch keinen Dozenten.

~

Die Zeit ist reif – geerntet wird ein Mensch.

~

Eine beerdigte Hoffnung belebt nichts und niemanden neu.

~

Mit dem Humor geht der Optimismus flöten.

~

———

Mit pessimistischen Argumenten ist niemand zu trösten.

~

Glaubhaft zu lügen setzt vielerlei Kenntnis voraus.

~

Wer sich nicht traut, muss ledig bleiben.

~

Steht C. der Sinn nach Theater, dann lauscht er an der Wand!

~

Mir schwant, die dicke Ente kommt erst noch!

~

Wer zur Nachtruhe übergeht, wird rückfällig.

~

Steht uns eine Sintflut oder die Besinnung bevor?

~

Anwesende Statisten spielen praktisch keine Rolle.

~

Es packt kräftig an, wer sich an seinem Schreibtisch festhält.

~

Kein Blick nach vorn ohne kurze Rückschau.

~

In der Hand lesender Menschen werden Bücher lebendig.

~

Dem „früher oder später" folgt tragischerweise das „zu spät".

~

Wer mir die Taschen füllt, möchte sie mir leeren.

~

Einsichten müssen wachsen, Befehlen gehorchen sie nicht.

~

Zeitersparnis verleitet zur Installation großer Pausen.

~

Der Tod fungiert als Kehraus zwischen den Ewigkeiten.

~

Nichtbeachten ungleich Toleranz!

~

Passive Hoffnung nagt unerbittlich an der Lebenszeit.

~

Seltenheiten möchte man eher besitzen als nutzen.

~

Seltsamerweise wird ein Baum versetzt statt fortgepflanzt.

~

Sorgen gehören zu den unerschöpflichen Medien.

~

Nachtragende bringen nichts Gutes vorbei.

~

Das Werk der Kritiker ist stets ideeller Natur.

~

Kunst, die nicht genug einbringt, gilt als verpönt.

~

Selten, dass jemand lässt, was er nicht zu tun vermag.

~

Papierkriege gehen stets von den Ämtern aus.

~

Der Mensch nimmt ab, zu oder an.

~

Aus der Ewigkeit rückt unaufhörlich eine Portion Zeit nach.

~

Oft endet das Nachdenken mit einem „zu kurz gedacht".

~

Das klangvolle Argument widerspricht jeder Logik.

~

Spaß an der Freude setzt befriedigendes Tun voraus.

~

Nobody is perfect und der Geist irrt zumeist.

~

Kaum jemand denkt sich seinen Teil zu hundert Prozent.

~

Der Allerletzte läuft nie ins Ziel ein.

~

Leute von gestern denken nie realistisch an morgen.

~

Wer zu allem fähig ist, wird kein Gutes tun.

~

Leute, die sich ähneln, gleichen sich lediglich aus der Ferne.

~

Wenn es dreizehn schlägt, dann nicht immer kurz nach Mittag.

~

Im Theater zeigen die Akteure Stil, nicht so im Parlament.

~

Der Mutige kennt das Ausmaß der drohenden Gefahr nicht.

~

In Zeiten der Hochinflation trügen alle Scheine.

~

Einer, der Staub aufwirbelt, rüttelt an Tabus.

~

Wenn es ernst wird, weicht der Humor dem Sarkasmus.

~

Jeder hat ein Leben lang gelebt, einige sogar gearbeitet.

~

Ein winzig kleiner Hauch trennt Freud und Leid.

~

Für Paläontologen herrscht permanent Steinzeit.

~

Reich ist jeder, doch nur wenige an Geld.

~

Lebenskünstler treten generell solo auf.

~

Aus der Not formt der Politiker das Chaos.

~

Wer promoviert, provoziert die Gegner seiner Theorien.

~

Nicht alle Gestrandeten fassen im neuen Areal Fuß.

~

Die meisten Ketzer sind in Wahrheit reine Theoretiker.

~

Wer Kritiker kritisiert, schließt den Kreis.

~

Hilfloses Verharren auf den Sorgen zehrt am Leben.

~

Keiner der in den Krieg Geschickten verdient an ihm.

~

Das Führen in die Irre zählt zum Verführen.

~

Eine Bezahlung ersetzt keine Bewertung!

~

„Mehr Freiheiten" bedeutet nichts anderes als „längere Leine".

~

Ein lesender Mensch strahlt Friedlichkeit aus.

~

Einem, der die Augen verschließt, kann kein Licht aufgehen.

~

Das Vergangene vermag nicht zu helfen, maximal rät es.

~

Alles begann damit, dass dem Schöpfer ein Licht aufging …

~

Kommt Zeit, kommt neuer Irrtum!

~

Klappern gehört zum Handwerk der Klapperschlange.

~

Beim Abwarten geben wir uns mit Tee nicht zufrieden.

~

Jede vernünftige Warnung sollte phonetischer Natur sein.

~

Ich denke, ich bin es.

~

Nicht alles, was natürlich, ist menschlich erträglich.

~

„Neue Wege gehen" heißt „alte Ansichten recyclen".

~

Geld ist nicht alles, auch der Geist zählt zum Kapital.

~

Die Pluspunkte von gestern zerfielen längst zu Staub.

~

Um seine schwere Arbeit wurde noch nie einer beneidet.

~

Gestrige Siege verlieren bereits heute ihre Jokerfunktion.

~

Stille Wasser sind tief oder frei von Kohlensäure.

~

Jeder Wegbereiter galt anfangs als Narr.

~

Flöten geht zumeist mehr, als die Tonleiter hergibt.

~

Einige Illusionen macht man sich, andere werden zugereicht.

~

Bereichere dich – allein aus Büchern!

~

Die Zwecke heiligt das damit Befestigte.

~

Wahrnehmung = Sehen plus Denken.

~

Mehren sich die Zufälle, hilft jemand nach.

~

Die Zeiten ändern sich, die Uhr hingegen bleibt dieselbe.

~

Bestattungswesen (das): verlängerter Arm der Ärzteschaft.

~

Alle sprechen von Europa, dabei kennt niemand diese Dame.

~

Wie nur halten die Milliardäre ihr bisschen Geld zusammen?

~

Dass einer nicht bei Stimmung, erkennt man an seiner Stimme.

~

Der Tod ist nicht das Ende der plötzlich erkaltenden Materie.

~

Einer, der nichts weiß, kennt sich überall gleichgut aus.

~

In Maßen handeln, in Masse konsumieren: So lebt man heute!

~

„Nichts" – was für ein großes Wort!

~

Richtig oder falsch? Nie steht es dran!

~

Tu dich nicht schwer damit, das Leben leicht zu nehmen.

~

Es gibt Ge- und Durchtriebene …

~

Habe ich ein Problem oder hat das Problem mich?

~

Wer billig einkauft, legt in Summe drauf.

~

Egoist (der): undefinierbares Gemenge aus Schaf und Hirte.

~

Früher griffen die Autoren zur Feder, heute in die Tastatur.

~

Wer auf den Busch klopft, weckt die Hardliner.

~

Sämtliche Junggebliebenen sind bereits mittleren Alters.

~

Argumente sind generell subjektiver Natur.

~

Nicht jeder, der entsagt, enthält sich der Stimme.

~

Die Fußnoten stellen ein Kapitel für sich dar.

~

Wer stets die Wahrheit sagt, hat kaum Freunde.

~

Nicht jeder ist bereit, das „wir" zu hinterfragen.

~

Plünderer (die): Bodensatz der Diebe.

~

Nicht die Feste fallen, sondern die Feiernden.

~

Vorrangig werden Leute durch ungesüßten Kakao gezogen.

~

Wenn zwei sich prügeln, kommt keiner ohne Zuschlag aus.

~

Noch ist nicht des letzten Arbeitstages Feierabend …

~

Einer, der abkürzt, beschneidet Weg und Ziel.

~

Wer sich auf's Zuschauen beschränkt, sieht praktisch weg.

~

Spielverderber folgen eigenen Regeln.

~

Ein Genie sieht lebenslang mit Kinderaugen.

~

Viele, die tun, was sie können, bewegen rein gar nichts.

~

Das eigene Buch krönt die persönliche Möblierung.

~

Das Hegen von Illusionen bedarf keiner tiefen Denkleistung.

~

Zwischen Anfangen und Beginnen liegen fachliche Welten.

~

Eine Hand wäscht die andere – in Unschuld.

~

Um jeden Schlingel schließt sich irgendwann die Schlinge …

~

Jegliches Dazulernen setzt eine solide Basis voraus.

~

Bei menschlichen Plinsen geht alles in die Binsen.

~

Auch leere Köpfe sind gefüllt, allein: Es fehlt an Fakten.

~

Meist spart an falscher Stelle, wer verzichtet.

~

Der offengelegte Hintergedanke hört auf, ein solcher zu sein.

~

Verschnaufen ungleich Schnarchen.

~

Parteienlandschaft (die): Malen nach Mehrheit.

~

Grauenhaft klingt manche Theorie.

~

Nicht alle Normalos sind weniger verrückt.

~

Einmal geboren, gibt es kein Zurück mehr.

~

Sehen können alle, optisch wahrnehmen nur wenige.

~

Alkohol und Liebesschwüre – das kann nur schiefgehen.

~

Die Welt wartet auf Taten, nicht auf Erklärungen.

~

Praktisch denken, aber andere arbeiten lassen …

~

Geschenktes Vertrauen bedarf keinerlei Verpackung.

~

Niemand überlebt sein Schicksal.

~

Freiherr von Klein trägt einen großen Namen.

~

Niemand ist vollkommen: klug oder dumm …

~

Irren theoretische Wissenschaftler hypothetisch?

~

Gelegentlich sind Inselbewohner reif für's Festland.

~

Pumuckl klingt allemal besser als „Rote Socke".

~

DDR-Laufpässe galten allein im Inland …

~

Sorgentelefon (das): Anschluss bei speziellem Kummer.

~

Wer gefeuert wird, fliegt ohne Ticket.

~

Lieber Aussteiger als Absteiger.

~

Manch' entführte Braut kann gestohlen bleiben.

~

Die Zeit ist reif, und dennoch zieht sie weiter.

~

Lautlos schmettern allein die Schmetterlinge …

~

Kommt Zeit, kommt neue Ausrede.

~

Einen Aphorismus verstehen *vs.* dessen Tragweite begreifen.

~

Auf dem Dorfe hört sich Stille anders an als in der Stadt.

~

Wer ins Parlament einzieht, muss nicht zwingend dort wohnen.

~

Du kannst groß rauskommen, jedoch auch völlig reinfallen.

~

Jede billige Fälschung hat ihren Preis.

~

Am schwersten tut sich der Mensch mit der Zufriedenheit.

~

Nicht jeder, der Zähne zeigt, ist bissig.

~

Alle, die es kommen sahen, dachten sich nichts dabei.

~

Die Wut im Bauch schaltet den Kopf aus.

~

Die Macht der Gewohnheit gehört zu den Weltmächten.

~

Wir müssen wollen, eine andere Option existiert nicht!

~

Was Moral ist, entscheiden die Meinungsmacher.

~

Auch wer es nicht besser weiß, muss daran glauben.

~

Jeden Tag geht es verrückter zu, das ist normal.

~

Am lösbarsten erscheinen Probleme in einer Versammlung.

~

Unverhofft kommt oft – das Ersehnte bleibt fern.

~

Der stetige Gedanke an den Tod hält nur vom Leben ab.

~

Zeige mir das, was kinderleicht zu managen ist!

~

Jeder, der einen Baum pflanzt, setzt sich ein Denkmal.

~

Es spart Wege, wer die Nächstenliebe allein auf's Ich bezieht.

~

Das Teilen eines Bettes bedarf keiner Säge.

~

Das Verschleiern von Problemen konserviert sie optimal.

~

Die Umweltprobleme sind längst Weltprobleme.

~

Das Ende erweist sich als Happy Endlos.

~

Endlos von vorn anzufangen, ist auch gelebt.

~

Wer ein Auge zudrückt, blendet Details aus.

~

Mitbringsel (das): ein eher kleines Geschenk.

~

Niete (die): ein belangloses Los.

~

Das Gesetz der Serie verlangt nach Fortsetzung.

~

Vater Staat wird Mutter Natur niemals ersetzen!

~

Wer Gespenster sieht, hat viel Phantasie und gute Augen.

~

Selbst bei der Schnitzeljagd geht es um die Wurst.

~

115

Nicht jeder Gerüstete steht unter Waffen.

~

Weiterbildungen erzeugen weitere Einbildungen.

~

Es gibt Talente, die zerbrechen am ersten Lob.

~

Mit der Kleidung legt niemand die Argumente ab.

~

In den abstraktesten Werken husten selbst die Wörter.

~

„Bruder" klingt allemal besser als „Mitmensch".

~

Der Alzheimer-Patient überlebt seine Erinnerungen.

~

Die Frauen verstehen mit Locken zu locken …

~

Fass dir ein Herz – das eigene!

~

Selbst die bescheidenste Mission bedarf einer Vorbereitung.

~

Wer nicht mitredet, sitzt einsam in Gesellschaft.

~

Paragraph eins: Der Chef hat Verstand! – Verstanden?

~

Ein Mann – ein Wort; zwei Männer: Zank.

~

Wer plant, unterschätzt mögliche Stolpersteinen.

~

Ohne niederen Adel kommt keine Hochkultur aus.

~

———

116

Auf jedem Hühnerhof wird produktiv gegackert.

~

Wer auf dem letzten Loch pfeift, flötet tiefe Töne.

~

Die damals erträumte Zukunft gilt heute als grauer Alltag.

~

Was mir Flügel verleiht, zeigt mir deren Gebrauch nicht an.

~

Im Idealfall bleibt einem das Geld erspart.

~

Ein Zuviel an Glück wirkt als Gift auf die Seele.

~

Die Würde des Menschen wird täglich grob angetatscht!

~

Wer sich entschloss, ist verpflichtet zu liefern.

~

Bisher stieß noch niemand beim Nasebohren auf Öl.

~

Das Tagesgeschäft der Kühe? Ins Gras beißen!

~

Weisheitszähne sind verbreiteter als Weisheit.

~

Je geringer die Intelligenz, um so größer die Intoleranz.

~

Die Zeiten sind schlecht, die schönen Stunden bleiben solche.

~

Blatt für Blatt haben wir den Salat.

~

Wir – das sind Handelnde, Zuschauer und Mitläufer.

~

Nichts zu sagen haben, aber umso mehr Gerüchte verbreiten.

~

Den Mantel des Schweigens gibt's in allen Größen.

~

Er spielt den Helden, obwohl ihm keiner diese Rolle anbot.

~

Tugend und Politik passt irgendwie nicht zusammen.

~

Es kann zum Einbrecher werden, wer sich auf dünnes Eis wagt.

~

Freibier (das): mit Vorliebe in aller Munde!

~

Wer recht hat, muss begründen!

~

Selbst der Zerstreute sucht gelegentlich Zerstreuung …

~

Fische und Menschen zappeln im Netz.

~

Pilze findet, wer vom Weg abkommt.

~

Es ist nicht alles Gold, was geklaut wird.

~

Saustall (der): Ort, wo unsere Schnitzel wachsen.

~

Alle werden älter, niemand wird alt.

~

Eitelkeit und Egoismus kommen ohne Argumente daher.

~

Das Überangebot an Produkten macht Werbung notwendig.

~

Fragen klingen stets interessant, Antworten ernüchtern immer.

~

Erwachen aus einer Illussion – Ankommen im Alltag.

~

Die meisten Unschuldigen fallen Revolutionen zum Opfer.

~

Der Mantel des Schweigens passt sommers wie winters.

~

Es gibt viel zu tun? Na, dann macht mal!

~

Wer abkupfert, vergoldet nicht!

~

Wer auf die Bahn angewiesen ist, steht unter Zugzwang.

~

Es gibt zu viele Mitwisser und zu wenig Mitwissende.

~

Er ist praktisch veranlagt – zumindest theoretisch.

~

Leute mit zwei linken Händen gehen meist kopflos vor.

~

Das Alter kommt mit den Jahren und geht mit dem Leben.

~

Wer sich ein Beispiel nimmt, braucht nichts auf.

~

Einer, der groß angibt, wird nie kleinbeigeben!

~

Das sehende Denken heißt Wahrnehmung!

~

Alle betrifft es, aber niemand fühlt sich angesprochen.

~

Siegerpokale verstauben weit schneller als gedacht …

~

Am längsten dauert die Ewigkeit, kurz der Augenblick.

~

Am Elend der Welt ändert alles Glossieren nichts!

~

Selbst auf Kleingeister warten große Aufgaben!

~

Dilemma (das): die unüberbrückbare Kluft.

~

Entrüstung (die): Waffe der Ertappten.

~

Tätigkeit und Enthaltsamkeit sind einander unvereinbar.

~

Hochmut (der): ein Fall für sich.

~

Nicht jeder Umgarnte wird bestrickt.

~

Was lange währt, war eigentlich als Provisorium gedacht.

~

Jegliche Einbildung entwickelt sich autodidaktisch.

~

Oft stehen Symbole für ganze Kapitel.

~

Das Stehen im Rampenlicht macht noch keinen Helden.

~

Wirkliche Menschenkenner durchschauen alle Typen.

~

Damals war nicht alles schlecht, selbst ich war besser drauf.

~

Es gibt durchaus Toupets, die sind geistiger Natur.

~

Jägerlatein (das): Angabe ohne Gewehr.

~

Jeder Theoretiker verdient praktisch Geld.

~

Nicht jeder, der anderen den Kopf wäscht, ist Friseur.

~

Bei meiner Geburt weinte ich, heute ist mir zum Heulen.

~

Superlative lassen nutzlos aufhorchen.

~

Gestritten wird nie – der fruchtbaren Diskussion wegen.

~

Wir leben in einer verrückten Zeit! So viel zur Normalität!

~

Im Idealfall sitzt der Ghostwriter im eigenen Kopf.

~

Schweigen ungleich Verschweigen.

~

Auf vielen Busstrecken ist Stehvermögen gefragt.

~

Fertig wird man allein mit der Einzelaufgabe.

~

Jeder Mensch ist ein Unikat, es gibt aber auch Spezialfälle.

~

Ernst ist in Haft – ernsthaft!

~

Die Gier nach Leben sollte unsere einzige sein.

~

Treffen sich zwei Zufälle, entsteht ein ernsthaftes Erfordernis.

~

Man soll das Jahr erst nach Silvester loben.

~

Wer Erwartungen hegt, muss mit allem rechnen.

~

An jeder Lüge führt ein Weg vorbei.

~

Einige sind gemeinsam stark, andere unfähig.

~

Eine Welle muss man reiten, so lange sie rollt.

~

Brockhaus *vs.* Wikipedia – das konnte ja nicht gut ausgehen.

~

Als Kolumbus in See stach, hatte er gute Karten.

~

Keine neuen Ämter braucht das Land!

~

Ich kenne meine Rechte, ebenso die Pflichten der anderen.

~

Der Jahrmarkt der Eitelkeit – eine ganzjährige Veranstaltung.

~

Zwischen Ahnung und Wissen steht die Theorie.

~

Allein beim Seitensprung geht es nicht um Zentimeter …

~

Nicht jede Gesinnung folgt einem tieferen Sinn.

~

Kontraproduktiv = sabotierend.

~

Was nützen die Vorschusslorbeeren, wenn nichts nachfolgt?

~

Auch wer wagt, kann durchaus verlieren.

~

Jedem „aber" folgt mit Sicherheit eine Einschränkung.

~

Wer nicht wagt, verharrt im eigenen Schatten.

~

Selbst wer weiterdenkt, macht gelegentlich eine Pause.

~

Im Wein der Realität liegt saure Wahrheit.

~

Wer einen schweren Stand hat, sollte sich besser setzen.

~

Entweder zahnlos auftreten oder verbissen kämpfen …

~

Xanthippe war die erste Frau ihrer Art.

~

Das Kopfkino unterliegt zum Glück keiner Zensur.

~

Völlige Zufriedenheit füllt maximal einen Moment aus.

~

Schlechte Argumente kommen ohne Apologie aus.

~

Der Glaube an den Klimawandel versetzt Eisberge.

~

Mitläufer können auf ganzer Streckenlänge zusteigen.

~

So lange es Bedürfnisse gibt, wird Müll anfallen.

~

Die Beichte ist der Zieleinlauf der Sünde.

~

Der Beginn der Zeit machte das Ende erst möglich.

~

Durch jeden Krieg zieht sich ein altbekannter roter Faden …

~

Seit dem Sündenfall gilt das Paradies als Testgelände.

~

Die Gedanken sind frei, aber nicht unveränderlich.

~

Glaubwürdig lügen will gelernt sein.

~

Labor (das): die Kirche der Wissenschaft.

~

Jede Fremdbeurteilung beschattet die eigene Person.

~

Wer Wörter nicht in den Mund nimmt, tritt sie mit Füßen.

~

Ehrlich ist, wer seinen reinenWein selber panscht.

~

Mag ich auch arm sein, einen Irrtum kann ich mir leisten.

~

Ungeschriebene Gesetze sind Legasthenikern geschuldet.

~

Wer nicht firm ist im Handwerk, übe sich im Klappern.

~

Der Zweck heilig die nicht vorhandenen Mittel.

~

Wer einen Punkt setzt, schenkt sich das Fragezeichen.

~
